陈 鑫◎著

# 人民警察
# 临战防卫与控制技术

RENMIN JINGCHA
LINZHAN FANGWEI YU KONGZHI JISHU

知识产权出版社
全国百佳图书出版单位

## 内容提要

随着社会发展，警察在日常执法过程中遇到的情况日益复杂，在袭警事件呈上升趋势的情况下，警察在实战中既要英勇无畏，更应小心谨慎，防止因处置不当而引发不良后果。本书从警察在执法中应掌握的徒手防卫与控制技能入手，结合警务活动中警察处置各种警情应注意的方式方法，以大量的实战案例为辅助，重点对防范执法过程中袭警行为加以讲解。从警察提高自我保护意识的角度，为公安院校的学生和一线执法民警提供参考。

责任编辑：龚　卫　　　　　责任校对：韩秀天
装帧设计：张　冀　　　　　责任出版：卢运霞

**图书在版编目（CIP）数据**

人民警察临战防卫与控制技术／陈鑫著．—北京：知识产权出版社，2012.6
　ISBN 978-7-5130-1338-3

Ⅰ.①人… Ⅱ.①陈… Ⅲ.①警察－技击（体育）②警察－擒拿方法（体育）　Ⅳ.①G852.4

中国版本图书馆 CIP 数据核字（2012）第 094467 号

## 人民警察临战防卫与控制技术
Renmin Jingcha Linzhan Fangwei yu Kongzhi Jishu

陈　鑫　著

| 出版发行：知识产权出版社 | | |
|---|---|---|
| 社　　址：北京市海淀区马甸南村 1 号 | 邮　　编：100088 |
| 网　　址：http://www.ipph.cn | 邮　　箱：bjb@cnipr.com |
| 发行电话：010-82000860 转 8101/8102 | 传　　真：010-82005070/82000893 |
| 责编电话：010-82000860 转 8120 | 责编邮箱：gongwei@cnipr.com |
| 印　　刷：北京嘉恒彩色印刷有限责任公司 | 经　　销：新华书店及相关销售网点 |
| 开　　本：880mm×1230mm　1/32 | 印　　张：7 |
| 版　　次：2012 年 7 月第 1 版 | 印　　次：2012 年 7 月第 1 次印刷 |
| 字　　数：165 千字 | 定　　价：21.00 元 |

ISBN 978-7-5130-1338-3/G·494（4202）

出版权专有　侵权必究
如有印装质量问题，本社负责调换。

# 前　　言

　　警察在依法运用国家强制力,对违法犯罪行为人采取强制措施时,有时必须通过一些具体的、强制性的武力手段来完成。警察在行政执法过程中,面对暴力的抗拒和攻击,可以使用武力予以制止,甚至可以使用致命的手段予以打击。警察徒手控制能力就是警察在执法实战中,为完成警察的职责和义务,制止和打击违法犯罪行为所具备的基本的、常用的技能,也是在处置突发事件时,面对违法犯罪行为人的违法行为或暴力抗拒而依法采取的强制手段与方法。

　　在我国,警察使用武力一直存在着一些问题,有的滥用执法武力,有的过度使用武力,有的不敢或害怕使用武力等,这些问题不但影响了警察完成勤务活动的质量,减弱了警察执行勤务活动应有的社会感染力和社会影响力,而且极易使警察的人身安全和政治生命安全受到威胁,同时损害了国家的形象和法律的尊严。如果警察在警务实战中,选择合理、合法的徒手执法武力,按照武力使用原则,遵循一定的武力使用规范,就可以控制、约束违法犯罪行为人。

　　警察不但要具有默默奉献、不怕牺牲的精神,更要有能制服违法犯罪行为人的手段和过硬本领。俗话说:"打铁需要自身硬。"在遇有违法犯罪行为人抗拒执法时,人民警察拥有熟练的徒

手控制与防卫技能是必需的。就像医生一样，要给病人治好病，首先应具备过硬的医术。过硬的技能加之先进的实战理念，才能以最小的代价制服违法犯罪行为人，顺利完成任务。

在本书撰写过程中，得到警务技战术部领导与各位同事的大力支持，为本书提出了宝贵意见，在此表示谢意。借本书出版的机会，我由衷感谢我的家人多年来对我工作的支持与关爱！由于受理论水平和实践经验所限，本书难免有疏漏和不妥之处，还望各位同行和读者批评指正。

# 目　　录

第一章　概述 …………………………………………………… 1

 第一节　警务实战中的执法理念 ……………………………… 1
 第二节　临战语言控制策略 …………………………………… 3
 第三节　临战动作控制策略 …………………………………… 7
 第四节　临战控制制胜规律 …………………………………… 8
 第五节　警察临战心理常识 ………………………………… 13

第二章　警务实战中战术谋略方法 ………………………… 20

 第一节　施计用谋成功的基础 ……………………………… 20
 第二节　攻心夺气成功的手段 ……………………………… 29
 第三节　正合奇胜成功的捷径 ……………………………… 33

第三章　徒手控制武力等级划分 …………………………… 35

 第一节　徒手武力伤害程度划分 …………………………… 35
 第二节　徒手格斗技术的击打部位及伤害机理 …………… 36
 第三节　徒手格斗技术的使用原则 ………………………… 40
 第四节　影响警察实施徒手防卫与控制能力的因素 ……… 43
 第五节　徒手控制力学原理 ………………………………… 48

第六节　使用武力等级划分 ········································ 52

## 第四章　格斗技能 ················································· 62

第一节　徒手格斗控制的特点与作用 ························ 62
第二节　徒手格斗控制的要素 ································· 64
第三节　失衡保护 ················································ 69
第四节　上肢技能 ················································ 77
第五节　下肢技能 ················································ 91
第六节　组合技能 ················································ 98

## 第五章　摔控技能 ················································· 99

第一节　摔法技能 ················································ 99
第二节　控制技能 ················································ 112
第三节　解脱技能 ················································ 114

## 第六章　综合控制技术 ········································· 125

第一节　二对一控制技术 ······································· 126
第二节　三对一控制技术 ······································· 130

## 第七章　徒手防夺凶器 ········································· 133

第一节　对短凶器的防夺 ······································· 134
第二节　对长凶器的防夺 ······································· 137

## 第八章　暴力袭警时的处置措施 ···························· 139

第一节　暴力袭警原因及对策 ································· 139
第二节　防范暴力袭警的原则 ································· 144

第三节　常见袭警案的防范 ………………………………… 147

第九章　人身检查技术 ……………………………………………… 178

　　第一节　人身检查的要求 …………………………………… 178
　　第二节　人身检查的基本手法 ……………………………… 182
　　第三节　人身检查的部位 …………………………………… 182
　　第四节　人身检查的形式 …………………………………… 183

第十章　徒手带离技术 ……………………………………………… 188

　　第一节　徒手带离的基本要求 ……………………………… 188
　　第二节　徒手带离动作 ……………………………………… 189

第十一章　常见警情处置策略 ……………………………………… 192

　　第一节　杀人案件现场处置 ………………………………… 192
　　第二节　盗窃案件的现场处置 ……………………………… 194
　　第三节　抢劫案件的现场处置 ……………………………… 196
　　第四节　炸弹威胁的现场处置和紧急援救 ………………… 197
　　第五节　自杀报警的现场处置 ……………………………… 199
　　第六节　街面滋事和团伙殴斗的现场处置 ………………… 201
　　第七节　家庭暴力和民事纠纷的现场处置 ………………… 202
　　第八节　夜间警情的处置 …………………………………… 205

主要参考书目 ………………………………………………………… 211

# 第一章 概　　述

## 第一节　警务实战中的执法理念

随着社会地发展，在警务实战中，警察不仅面临的危险多，而且遇到的危险也大，所以要有"危险"意识。越是情况不明，就越应视为有危险存在。只有树立"安全执法"意识，时刻警惕危险，防患于未然，警察在实战中才会获得最大的安全。

### 一、树立安全执法意识

在暴力抗法、袭警事件呈上升趋势的情况下，警察在实战中既要英勇无畏，又要小心谨慎。要始终坚持"安全执法第一"，把"尽量避免和减少自身伤亡"的思想放在首位。实战中，怎么安全就怎么处置；不够安全就缓处置或不处置，切不可作无谓的牺牲。尤其是在非主动性攻击的警务实战中，警察面对的往往是身份不确定的人，其中不乏伪装善良的凶犯。在某种环境下，个别群众由于受到别有用心的人的煽动或蒙蔽，情绪激愤，不配合警方执法甚至攻击执法民警的情况也时有发生。所以，警察就必须要带着险情进入实战，一定要在确保自身安全的前提下，再去规范地执行警务，这才符合警务实战需求。

### 二、充分体现"警力优势"意识

在警务实战中，警察充分利用警力优势进行处置，才可能是安全可行的。警察在实战中不能不顾客观条件去逞"个人英雄"。鼓励和宣传"以一胜众""以少胜多"的理念，或者分散警力处置以求各个击破的战法是不可取的。

在实战中，情况不明或警力不足时，忌轻举妄动，更不该勉强下达"当场拿下"和"一网打尽"的指令。如果情况有变而暂时又无法形成优势警力，那么，就采取其他应对措施，比如尾随跟踪、拖延时间、识记体貌和车辆或物品特征等，千万不可蛮干逞强，贸然行事。

### 三、树立"战术撤退"意识

在警务实战中，如遇犯罪嫌疑人抢先控制了局面，或者挟持人质威逼警方等情况时，警察撤退，显然是明智之举。警察在警务实战中撤退是出于安全的考虑，是战术的需要。撤退不仅可以缓解现场的紧张气氛，更重要的是，撤退还可能有效地保护现场民警和其他人的生命。所以，要审时度势地使出战术撤退的勇气来。

在警务实战中，警察撤退并不是意味着向违法犯罪嫌疑人屈服，或是对违法犯罪行径的放纵，而是以退为进，意在欲擒故纵。只知进而不知退，明知有危险还要往上冲是愚蠢的行为。以保证安全或减少伤亡为前提，以保护警察生命为目的，警察作暂时撤退，但针对违法犯罪嫌疑人的行动并没有放弃，待重新调整方案、部署后，先前的撤退换取的则可能是最终的或更大的成功。

### 四、强化危险"加一"意识

"加一"并非是简单地增加一个数字，而是要求警察在实战中，务必对面临的危险和处置的难度提到一个更高的层次来考虑。"加一"理念既实际又实用，但许多警察却认识不到，运用不好。

其实，无论在任何情况下，警察的处置都不能掉以轻心。把当前的形势评估得更严峻、更复杂一些，在"加一"的基础上制订方案，采取行动，警察才会更安全，处置也会更有效。如在警务实战中处置一个人时，警察"加一"考虑，他可能还有别的同伙；处置明处的对象时，警察"加一"考虑，暗处可能还存在隐患；面对徒手的违法犯罪嫌疑人，警察"加一"考虑，他身上可能有凶器等。

"加一"不是为"知难而退"找借口。相反，"加一"可以增强警察在实战中的警觉程度，体现对警务活动安全高度负责的精神实质。运用"加一"理念指导实战，应当是一线警察所具有的最起码的常识。

## 第二节　临战语言控制策略

### 一、语言控制

警察现场制止违法犯罪行为时常用语言控制的手段，使用得当与否直接关系着执法效果。如果使用得当就会使执法相对人立即服从警察的意志，化解矛盾，转危为安，避免冲突升级，避免警察使用更高层级的武力手段，降低执法成本；反之，不恰当使用语言控制则可能激怒当事人，引起反感，抵触甚至发生冲突，使处置陷于被动。

实战中采用有效语言控制，可以从气势上压倒犯罪嫌疑人，迫使犯罪嫌疑人听从警察命令。在综合控制技术中要合理利用语言控制，配合控制动作使用，才能达到事半功倍的作用。临战语言控制是指警察在临场依法处置犯罪嫌疑人时使用语言命令、责令或要求犯罪嫌疑人保持或者做出某一行为，以达到控制对方身体活动目的所采取的语言方法。警察在临战时根据情况需要，通

过语言将自己的意图明确告诉犯罪嫌疑人，使其知晓必须怎么做，不能怎么做，以及一旦违反警察命令时的后果，这是语言控制最直接的作用。语言控制能够降低危险发生的可能性，有利于警察接近犯罪嫌疑人并实施抓捕。临场使用语言控制，应该凭借一定的优势条件，以保证语言控制的实施和效果。例如凭借警力优势，当犯罪嫌疑人势孤力单时，语言控制的效果就会显著；又如凭借装备和火力优势，警察抢先用杀伤性武器对准犯罪嫌疑人，以优势火力压制对方，使其不敢轻举妄动，这时语言控制的效果也会十分突出。在优势的条件下结合使用语言控制犯罪嫌疑人，就会形成一种有利于警察的情景，从而在较安全的状况下缉捕犯罪嫌疑人。即使实际情况千变万化，一旦形势不利于警察，也可以使用语言严正指责，晓之以理，动之以情，往往会瓦解犯罪嫌疑人负隅顽抗的心理，有效降低危险发生的可能性，避免出现暴力对抗升级等后果。

临战语言控制的主要作用表现在以下几个方面：
（1）从心理上占据优势；
（2）正确使用语言控制，有利于降低危险发生的可能性；
（3）为依法执法创造条件；
（4）有利于警察之间的协同配合。

**二、语言控制的要求与程序**

从语言控制实施的条件和对象上看，语言控制是一线民警使用最广泛和成本最低的一种强制手段，也最易受相关因素的影响，是警察综合素质的反映。其主要内容有命令违法犯罪行为人停止实施违法犯罪行为、命令违法犯罪行为人按照要求接受检查、告知违法犯罪行为人拒不服从警察命令的后果，根据警情需要，要求在场无关人员躲避等几个方面。

(一) 语言控制的要求

语言控制必须按要求规范实施，一是语言控制用语应当明确、简洁、易懂，有力度，形成震慑作用。二是禁止使用侮辱性、歧视性语言，多用法言法语、警言警语，少用俗语、俚语。三是命令要有针对性，要区分不同的对象，如告知人群避让、警告嫌疑人、要求停止行为，对精神病患者、醉酒者和少数民族对象都不得区别对待。四是语言控制要注意时机，在最佳的时刻发出最恰当的命令才能使现场处置的态势朝着最有利于和平解决，最有利于动用最小武力解决，高效完成执法任务的方向发展。语言控制是在前期有效控制下实施的强制手段，在充分观察对手和周围环境的情况下，控制好自己的情绪，发出规范的语言控制命令，并要随时做好控制手段升级的准备。五是语言控制要讲究艺术性，明确语言控制的基本要求，掌握语言控制的技术技能，在执法实践中才能形成语言控制手段运用技巧，再经过不断提炼总结，升华为执法艺术。

(二) 语言控制的基本程序

警察应按照下列程序和方法使用语言控制：一是表明警察身份，警察在现场制止违法犯罪行为时要按照有关规定向违法犯罪嫌疑人和现场群众表明警察身份；二是发出控制命令，根据警情需要，警察可以命令在场无关人员躲避，命令违法犯罪行为人停止违法犯罪行为，命令违法犯罪行为人按照要求的姿势接受检查等；三是使用其他级别的强制手段时，语言控制可作为辅助的强制手段。对象系涉嫌重大犯罪案件的犯罪嫌疑人，需要对其进行抓捕或者秘密抓捕的，以及情况紧急使用语言控制可能造成严重后果的，可直接使用相应级别的强制手段。

**三、语言控制能力的训练与提高**

提高警察语言控制能力应从以下几个方面入手。一是体现执

法意图，掌握规范用语。随着广大人民群众的法律意识、权利意识日益增强，对公安民警的执法能力、执法水平提出了更高的要求，尤其是使用频率高、使用范围广的警察控制语言，从执法中常见的热点问题和遇到的难点问题入手，按照理性、平和、文明、规范执法执勤的要求，依据不同的执法特点、区分不同的执法环境，按有关规定，制定、掌握统一规范的控制语言。二是剖析失败案例，警示制止行为，汇编一些警察语言控制时法律法规要素、政策要素、安全要素、战术要素、技术技巧要素、勤务规范要素的失败案例，分析什么样的话在什么情况下对什么人使用易激化矛盾、恶化事态，供警察时时警醒。三是丰富知识背景，提高语言控制技巧。语言控制能力是警察综合素质的反映，高质量的执法依靠高素质的警察来完成，面对各种情况现代警察应有丰富的知识贮备，要不断学习法律业务、人文历史、自然科学、民风民俗等方面的知识。知识只有通过运用才能转化为技巧，警察在语言控制时要体现警察之间的配合，口头命令和肢体语言默契，针对核心、协同、外围对象的区别，并要控制情绪，学会倾听，增加语言控制的辅助手段。

**四、语言控制与手势配合**

警察在逮捕一个人时，常常会碰到这种情况：他已给犯罪嫌疑人口头命令，但犯罪嫌疑人不服从。其实警察并没有做错什么，只是他们可以通过一些策略把这种情形处理得更好一些。

警察在遇到犯罪嫌疑人不能完全理解口头命令的情况下，可以使用基本的手势语来强化指令或使要求变得更清楚明白。

一个可利用的手势语，如使犯罪嫌疑人平静下来的手势，它的动作如下：把手伸到身体的前面，手指张开，掌心向下。在要求犯罪嫌疑人平静下来的同时，用上下的手势动作重申这个要求。

这个空手动作能被一个处在激动状态下的犯罪嫌疑人看明白，即使他没听明白警察的要求。这里要强调的一点是警察的意图必须清晰，不管口头传递的信息如何。

另外，要使犯罪嫌疑人明白警察的要求，手势语也要让目击者看明白。如正在过马路的人能够看到警察要求平静的手势，不管后面发生什么。从目击者的立场上说，虽然他没有听到什么，但他看见警察尝试让犯罪嫌疑人平静下来。这提供的不仅仅是一种战术，同时也是合法的救生方式。

同样的战术也可用在一线对突发事件处理保持头脑冷静的测试中。当你把一个可能喝醉的驾驶员从他（或她）的车子里指引到合适的安全地时，用你的手或手臂指向你想要他去的位置。警察除了运用口头命令，再利用可感官的命令就增加了处理这种案例的保险系数。

## 第三节 临战动作控制策略

临战动作控制。临战动作控制是指警察在接近犯罪嫌疑人并实施抓捕阶段，为迅速有效地控制和制服犯罪嫌疑人所采取的具有较强针对性的合理技术动作。

警察临场处置犯罪嫌疑人是以擒获、制服对方为行动目的的。从动作方式上讲，只有靠近犯罪嫌疑人，才能对其实施抓捕。一般来说，警察距离犯罪嫌疑人越近，危险性就越大。因此，警察的防卫意识和动作控制的手段都不能因为随着与犯罪嫌疑人距离的缩短而变化，甚至应该逐渐加强，特别是当移动到与犯罪嫌疑人不足一米距离的危险区域内时，警察的擒拿、上手铐、人身检查、带离等抓捕动作必须达到对罪犯实施有效控制，以防其乘机

抢夺警察的武器进行反抗，或用隐藏的凶器、武器突然袭击。所以，迅速有效的动作控制在临战中至关重要。

临战动作控制一般在缉捕和处置犯罪嫌疑人过程中的最后阶段使用。内容包括射击实战姿势、地形地物的利用、位置角度的选择、合理移动的方法以及擒拿、上手铐、人身检查等技术动作的应用等方面。这些方面在临战中可以形成一个有机的连续过程。例如，警察根据犯罪嫌疑人的特征、环境条件等临场情况调整自己的实战射击姿势，以使防护、进攻、射击、隐蔽的动作随机而行；也可以充分利用地形地物掩护自己，合理选择接进位置，以警察相互间有效的动作配合来保持警力、火力优势控制犯罪嫌疑人；在抓捕时按规范技术动作对犯罪嫌疑人进行控制人身检查、上手铐、带离，这些都是警察控制和降低潜在危险，防止犯罪嫌疑人拒捕行凶的有效手段。

临战动作控制在实际运用中应注意以下几点：

（1）讲究接近的方法；

（2）动作迅猛，制服果断；

（3）摔、拿控制犯罪嫌疑人为主，踢打技术为辅；

（4）始终重视控制对方的手臂；

（5）注意协同配合，职责分工明确；

（6）根据环境条件、目标特征，选择合理有效的抓捕方法。

## 第四节　临战控制制胜规律

进行警察临战控制，除必须受现行法律法规的制约之外，还必须接受战斗制胜规律的制约和指导，并在掌握警察临战控制理论与操作方法的基础上实施和完成执法战斗，否则，"打得赢"

# 第一章 概述

就是一句空话。

纵观古今中外，战胜之道难以胜数，花样繁多，但基本的制胜方法还是有规律可循的。就一般制胜规律而言，以下规律是必须予以充分重视和遵循的。

## 一、以"力"取胜

以"力"取胜，即指力量强胜力量弱的；人数多胜人数少的。

要达到力量强大，就必须使力量使用的方向一致；必须使分力变为合力；必须将诸多小力集合为大力；必须使力量组合的内部结构联系趋于紧密；同时，还要使力量处于最佳的发力位置，并在发力时击中对方的薄弱部位或要害部位。力量形态既有物质的，也有精神的，但就作战对抗中的绝对力量对比而言，物质的东西必须靠物质去摧毁。如果力量对比十分悬殊，再强的精神功能也无法获得实质性胜利。

拥有力量，必须要懂得力量的特殊性和变化规律，必须会巧妙组织和使用力量，必须会保护、维护和不断增强自己的力量。只要保持力量的强大，就能不断获得作战的胜利。

## 二、以"技"取胜

以"技"取胜，即指武器装备技术水平高者胜武器装备技术水平低者；技能掌握程度优者胜技能掌握程度劣者。

武器装备技术水平和技术技能掌握的程度，通常能表明战斗物质基础与战斗实力的高低，能反映战斗力训练的程度和战斗力的强弱。武器装备技术水平先进，可以大幅度地增强战斗力量，可以提高战术应变能力，增加战术手段和战术灵活性，促进新战术的产生和使用，可以在战斗中达成技术、战术突然性，可以提高火力打击强度和作战力量的机动速度。技术技能掌握熟练，可以充分发挥人与武器装备的潜在能力，可以使人与武器装备结合

得更好，可以适应不同环境与不同条件战场的作战需要。所以，以"技"取胜，在现代战斗中越来越显示出它的巨大作用，使它成为获取战斗胜利的基本法则之一。

三、以"智"取胜

中外古今，对"智"的论述数不胜数，对"智"的重要作用都极为推崇，但到底什么是"智"，怎样表述它的内涵和与外延，却让人们感到十分困难。克劳塞维茨认为，"智，指智力"。那么，智力是指智慧的能力，陷入了概念循环的泥潭。孙子在其兵法中记载有"将者，智、信、仁、勇、严也"。将"智"列为将之首。但"智"是什么？也没有解答。《司马法》中记载，"凡战，智也"；"战以智决"；《六韬·文韬·上贤》中则有"无智略权谋而重赏爵之……王者谨勿使之为将"。把"智"作为权谋方略的首要要素来看待，但还是没有解决什么是"智"的问题。现代一些心理学家认为，"智，是人的先天素质与后天素质相结合的产物"。似乎有理，细细想来，却既摸不着天，也把不住沿。有人说："智慧是思想与力量在碰撞中闪现的火花。"这种艺术性的描述也并没揭示智慧的基本特征。还有人讲"智，就是悟性"，但悟性又是什么呢？我们都承认"战以智为先"，"战以智胜"的基本道理，但对"智"的把握和理解则始终感到困难，似乎"智"是一种神秘的力量，来无影，去无踪。有些人用举例法举出中外古今历史上和现今的"智者"，企图说明什么是"智"，但又因这些"智者"多少都有些"不智之处"。因此也难断定"智"是怎么回事。

既然战斗制胜的规律关键在于"以智取胜"，那么就必须对于什么是"智"作出科学的回答。"智"，是人对事物感知正确、认识正确、运筹正确、处置正确的综合表现。

# 第一章
## 概述

所谓感知正确，就是人在接受外界事物信息时，通过自身的感觉器官能够真实无误地反映客观现实情况。人们都相信"眼见为实，耳听为虚"的道理，但是由于人的感觉常受到各种因素的干扰和影响，会产生幻觉、错觉，因此，有时眼见的不一定为实，耳听的也不一定都虚。只有人全面深刻地感知事物，在真实无误的基础上实事求是地反映事物，才是真正的感知正确。

所谓认识正确，就是在感知正确的基础上经过科学的分析、归纳、判断、推理和抽象，对事物的本质现象得出规律性的认识，并尽可能地予以多方面的证实。感知正确不等于认识正确，人的认识受世界观、方法论及思想、情感、利益关系及科学技术发展限制等多方面的因素影响，往往并不那么正确，存有主观性、片面性、表现性。人们只有克服了种种影响认识的消极因素，并在感知正确的前提下，真正认识了事物的本质和规律，才能达到认识正确。

所谓运筹正确，是在正确的认识指导下，正确地筹划、运用策略和力量。有了正确的认识对于正确运筹具有重大的指导意义，但并不等于有了正确认识就必然有了正确运筹。针对需要解决的具体事物、具体问题，根据自己及友邻或盟友的实际力量和能力，科学地谋划解决问题的方案，设计和制定正确的计划，并恰当地组织、运用各方面的力量，使整个运筹过程符合事物发展的客观规律，能够有把握地解决需要解决的问题，就是运筹正确。

所谓处置正确，是指根据正确的认识和正确的运筹，完全实现了自己的企图，达到了预定的目的，收到了恰如其分的效果。在处置具体问题的方法手段和效果上，既无不足，又无过分；动机与效果实现了完美的统一；其影响和作用发挥到最佳状态。运筹正确与处置正确有极大关联，但同样，运筹正确不能等于处置

正确。因为，再好的运筹，在实施过程中也会因情况的变化而发生变化，这就需要临机处置的果断和正确，需要不断地进行调整以便达到最佳的处置效果，只有实现了最佳效果才能算作处置正确。

感知、认识、运筹、处置均达到了正确并实现了它们的综合效果，才能说是"智"。这四个环节中任何一个环节出了问题，就都失去了"智"的意义和作用，就会表现为"无智"或"低智"。用这样的观点和标准来揭示"智"的本质，揭示"智"这一概念的内涵和外延，是完全可以成立的。同时以这一概念定义来解释古今中外的所有"智事"与"智者"，解释"智"的功能、力量和作用，都是可以解释得通的。由此再来说明"以智取胜"是战斗制胜的基本规律，也就容易得多了。

以"智"取胜，也即"有智"的战胜"无智"的；"智高"的战胜"智低"的。"智"在执法战斗的对抗中，在对胜利的争夺中，是最活跃、最有创造性、最具决定性影响的首要因素，也是促使作战力量转化的能动因素，把握其规律对取胜至关重要。但在作战中对"智"的把握，并非易事，它更多地表现为谋略意识与战术方法的指导；表现为根据客观信息所形成的正确决心与行动部署；表现为对战斗力量的组织、协调与巧妙运用；表现为人的主观能动性的创造性发挥；表现为战斗效果的大小与结局的优良程度。

"智"，在获取战斗胜利的方法上，有多种表现形式，如：

（1）先知者胜后知者，知深者胜知浅者；

（2）谋深者胜谋浅者，术精者胜术劣者；

（3）善断者胜犹豫者，善变者胜呆板者；

（4）隐蔽者胜公开者，突发者胜常发者；

（5）有备者胜松懈者，击弱者胜击强者；

（6）速快者胜怠隋者，勇锐者胜怯钝者。

这些取胜的方法，都是以"智"取胜的表现形式，都是正确感知、认识、运筹、处置的结果，也都从不同的各个侧面反映了对"以智取胜"规律性的认识和把握。

以力取胜，以技取胜，以智取胜，作为制胜之道的基本规律，是相辅相成，也相反相成的。"力""技""智"三者缺一不可。它们互相联系，互相支持，互相作用，在对抗中互相渗透，也互相转化。其中"智"是关键的要素。有了"智"，可以使力弱者打败力强者，人少者打败人多者；可以使技术装备差的打败技术装备优的；技能不足的打败技能熟练的。所以，我们更应注重对智力因素的把握与加强。任何形式的战斗，都是对抗双方力量、技术、智慧的综合较量。谁能在这种较量中取得优势，谁就掌握了打开胜利之门的钥匙，并最终获得胜利。了解、认识并把握了临战控制制胜的规律，就能无往而不胜。

## 第五节　警察临战心理常识

临战心理是指警察在从事执法、训练、管理等各项执法活动中的心理反应。良好健康的执法心理，对各项执法活动将产生积极影响，反之，将产生消极影响。培养和建立警察良好的心理素质对于完成各项执法任务具有重要意义。

一、高技术执法环境中警察的心理状态及对实战行动的影响

高技术执法，实战环境复杂、紧张、激烈、残酷，给参战人员的心理和行为带来一定的影响。

（一）实战环境中人员的心理状态

在高技术执法实战环境中人员的心理状态可分为两类。一类

是积极的心理状态。另一类是消极的心理状态。

积极的心理状态一般表现为：

（1）情绪振奋，持续高涨，充满胜利信心；

（2）荣誉感、自豪感、责任感大大地提高；

（3）全局观念、纪律观念明显增强；

（4）智力、能力得到充分发挥；

（5）英勇顽强、勇敢拼搏、不怕艰难困苦的战斗意志极为高昂；

（6）能正确评价自己，思想品德高尚。

消极的心理状态一般表现为：

（1）心理失去平衡，情绪过分紧张；

（2）注意力涣散，认识能力减退；

（3）自控能力降低，有时会出现惊慌、恐惧、焦急；

（4）不能以大局为重，考虑个人需求较多。

就警察群体而言，在实战环境中，积极的和消极的两种心理状态同时存在。警察是人民队伍，因其阶级本质所决定积极心理占主导地位。就个体来讲，也同样存在积极和消极两个方面因素，大多数人是积极心理占主导地位，也有个别人消极心理占主导地位。

（二）实战环境中人的心理状态对作战行动的影响

在高技术执法实战环境中，人的心理状态对作战行动的影响是多方面的，也是千差万别的。为了便于研究，我们可以把它分为积极心理状态的影响和消极心理状态的影响。

积极的心理状态对作战行动的影响有以下几种：

（1）能提高警察的训练热情和吃苦精神，积极地落实各项战备措施。对做好战斗准备和实施作战方案起着推动、促进和增强作用。

（2）能坚定警察的必胜信心和战斗意志。在残酷、复杂的高技术执法实战环境中不畏艰险，勇敢作战，使战斗力得到充分地发挥。

（3）能极大地调动警察的积极性，使警察积极作战、无私无畏、勇于献身。在执法中会主动出击，密切配合，灵活机动，使工作节奏加快，突击力增强。对公安工作起到推动作用。

（4）能促进警察强烈的求知欲望，使之智力和能力得到充分地发挥。在高技术执法的实战场上，执法人员将认真地观察分析和研究新式武器的性能，并能快速地掌握这些武器装备的杀伤破坏作用的规律，及时地研究出对付的办法，为执法行动顺利进行拓开新路。

（5）能使执法人员在作战间隙实事求是地总结执法中的经验教训，吸取有用经验，克服不足之处，为下一步执法行动赢得主动。

消极的心理状态对执法行动的影响如下：

（1）使一些警察理智下降，情绪紧张、惊慌失措，导致射击命中率降低，且不能灵活地运用战术动作歼灭对方。同时战斗意志减弱，战斗动作迟缓，突击力、打击力下降。

（2）执法中会产生积极性不高、相互埋怨，甚至怯战的现象。造成工作中不能密切地配合作战和抓住有利的战机打击嫌疑人，而处于一种被动挨打的地位，使应有的战斗力得不到充分地发挥。

（3）使警察在执法中，思维活动简单、迟钝，注意力的集中、转移和分配困难，记忆力减弱，反应速度降低，战斗能力下降，影响正常的执法行动。

（4）争功诿过。考虑自己的事情多，一旦付出没有得到及时认可或回报，就会怨气十足，不能以积极的态度参加执法活动，使其战斗力大大减弱。心理状态对执法行动的影响十分明显，它对执法的胜负起到一定的制约作用。因此，每个警察都应认真地把握执法心理的特点，树立积极的执法心理，克服消极的作战心理，加强自身心理素质的培养，做一名合格的警察。

## 二、未来执法条件下警察必须具备的心理素质

执法，是充满危险与劳累、血与火考验的特殊领域，历来对执法人员的心理素质有着很高的要求。高技术执法条件下更是如此。

### （一）要有坚定的信心

信心是士气的重要驱动力。信心坚则士气旺，信心减则士气低，失去了信心也就失去了完成战斗任务的精神保证。未来执法不仅是场武力战，而且是一场"思想战"和"心理战"。一方面依仗高技术的武器装备向对方实施高精度、高强度、高效能的武力打击；另一方面采取"攻心战术"，进行欺骗性、煽动性的恫吓，以收买、诽谤、讹诈等手段动摇对方的战斗信心，造成对方疑虑重重、信心不足、听天由命和优柔寡断等现象，从而削弱对方士气。所以，要求每个警察必须树立以手中武器战胜对方的信心。要培养坚定的信心：一是要坚定为祖国为人民而战的信念，保持高昂的斗志，执法立功；二是在平时要广泛了解犯罪嫌疑人与我方武器装备的技术、战术性能，找出犯罪嫌疑人弱点，确立以劣势装备战胜优势装备犯罪嫌疑人的信心；三是要学习和效仿指挥员和身边同志的英雄行为，不断地激励斗志，保持高昂的士气。

### （二）要有顽强的意志

高技术执法对每一个执法人员的意志力提出了更高、更加严

格的要求。由于对方强烈的攻击行动及执法自然环境的影响,使参战人员的精神和心理上受到很大压力,肉体上受到折磨,从而削弱了参战人员的战斗意志,导致斗志动摇、战斗力下降。所以,要求每个执法人员在平时的训练实践中有意识的培养自己顽强的战斗意志和克服一切困难的精神。战时要树立敢打必胜的信心,认清犯罪嫌疑人虚弱的本质和弱点,以强烈的制服犯罪嫌疑人立功欲望,不屈不挠的战斗精神,排除心理和肉体上的影响,保持高昂的士气、增强战斗意志,完成执法任务。

(三) 要有稳定的情绪

情绪是指人对客观事物的特殊心理反应。在复杂的执法环境中。警察情绪表现出强度大、多样性的特点。"战前",往往由于过分紧张,吃睡不好,坐卧不安,心理失去平衡,造成情绪不稳定,个别的还会出现恐惧心理。这些常常会导致认识能力下降,判断力减弱,直接影响执法力的发挥。执法中,看到战友伤亡,往往会产生激情,以必死的决心与嫌疑人搏斗,这种情绪有它积极一面,但也有其消极的一面。在任务执行顺利情况下,人被胜利所鼓舞,越战越勇,但也可能会产生轻视对方心理。失利的时候,会造成参战人员情绪消沉、士气低落,严重的会造成人心浮动。由此可见,稳是警察必备的品质,警察必须预先做好心理训练,积累经验,提高自控能力,正确熟练地运用自己的知识、技能。

**三、适应执法环境的基本方法**

高技术兵器固然是取得执法胜利的因素,但人的素质仍然是赢得执法胜利的决定性因素。加强指挥员和警察心理素质训练、提高执法环境的适应能力,对取得执法胜利具有十分重要的意义。适应执法环境心理素质训练,应遵循循序渐进、坚持长久、因人

（专业）而异、合理冒险的原则。

适应执法环境心理素质训练的基本方法，概括起来有以下四种：

第一种是模拟训练法。模拟训练法，是心理训练最基本方法。它是通过有目的、有针对性地设置近似执法作战的环境和条件模拟实践环境，使执法人员的情绪体验和心理体验达到一定的紧张程度。学会运用自我调节手段。有效地控制自己的情绪，提高稳定性。一是利用音响效果，模拟炮弹、爆炸、子弹的呼啸、呛人的硝烟、耀眼的闪光、燎人的大火等情况，使执法人员感觉实战环境上可能出现的危险因素。二是设置对方常规兵器和高技术兵器杀伤破坏的情境，使执法人员体验未来高技术局部执法中可能遭受的各种武器杀伤破坏的危险情境。

第二种是适应训练法。适应训练法，是使警察的心理活动能够较好地适应特殊环境需要的训练方法。心理适应训练通常从以下几个方面着手：（1）一般执法环境的适应训练。此训练法类似于模拟训练的某些情境，如，让警察训练听枪声不惊异，并训练各种武器的实弹射击，加强警务战术训练提高每位执法人员的安全理念。并体验感觉大火、硝烟、毒气、毒剂的刺激等。（2）特殊执法环境的适应训练。如核、生、化条件下执行战斗任务，对方后作战，孤身对对方训练等。（3）恶劣环境的适应训练。恶劣的自然气候、地理条件，如原始森林、孤岛、沙漠、雪山、荒无人际的草原；也包括人工设置的恶劣情况，如在断水、断粮、通信中断、孤立无援的特殊条件下的生存训练等。

第三种是自我暗示法。自我暗示是通过某种指令进行自我解释、自我约束的过程。即通过自我解释、自省、自我约束以及其他经过考虑的语言，向自己发出某种指令，从而解除心理障碍、缓和心理冲突，坚定意志，增强信心，控制行动。如面临危险的战场环境，可以自语或默念"要镇静""再坚持一下""对方也一样害怕"等语言。将会起到稳定自己情绪的作用。

第四种是自我激励法。自我激励是用战场中先进的思想和感人的事例来影响和鞭策自己，鼓励自己同艰难困苦作斗争，也就是用"别人做到的，我也能做到"的意念来激励自己的行动。

# 第二章　警务实战中战术谋略方法

## 第一节　施计用谋成功的基础

谋略,简而言之是"谋划"+"方略"之意,是指人与人在对抗中为达到自己的利益和目的,而对其方法和策略进行思维谋划的过程与结果。警察实用战术谋略方法,是指警察为获取执法战斗的胜利而进行的方法策略性思维谋划活动。20世纪90年代之后,我国的治安形势发生了巨大的变化,违法犯罪活动不断升级并越来越向暴力型、智能化等现代犯罪特征的方向发展,与此同时,公民受教育的程度不断提高,犯罪嫌疑人的知识层次和智力水平也水涨船高;一些娱乐媒体和现代网络信息对警察执法战斗中的手段、方法、策略等运用细节地不断披露使得犯罪人在与警察的对抗中找到了"开智良方"。现代条件下,有组织、越来越趋向于职业化的黑恶势力猖獗,谋略型、智能化、技能化、有组织对抗警察的案件发生也屡见不鲜,所有这些,都对警察在执法战斗中的手段、方法、策略运用提出了前所未有的挑战。人民警察应顺应执法战斗发展的潮流,努力提高自己的谋略水平,真正做到在执法实践中战必用谋、智高于对方并做到战之能胜。

### 一、收集情报是达成施计用谋成功的基础

孙子曰:"知彼知己,百战不殆",知彼就是指要尽可能多地

熟悉了解有关敌方的情报信息，否则施计用谋也就失去了对象，收集情报在理解上应包含三层含义。

（一）情报主导

在谋略策划前最大限度地获取一切与战斗行动本身有关的情报，为战斗行动的正确实施提供谋略运筹的保障；行动前获取的情报，一般是根据上级通报、报案人陈述的情况以及主动侦察得到的情况汇总而成，这里应更多地关注收集犯罪嫌疑人的形象特征、技能特点、心理特征、行为习惯、防卫手段、防卫武器的种类及性能、犯罪史、作案特征、家庭情况、社会关系情况和执法现场的地形等方面的情报，只有最大限度地知道犯罪嫌疑人的情况，才能更好地、有针对性地在执法战斗中施计用谋，获取良好的战斗效益。

（二）要认真研究所获取的一切情报

做到熟悉了解所有情报的细枝末节，为正确地判断情况和定下决心提供决策依据；正确地判断情况和定下决心是在对情报的深刻研究熟悉的基础上得出的，只有认真研究熟悉犯罪嫌疑人的一切情报、情况，才能知道犯罪嫌疑人的弱点，进而利用这些弱点施计用谋。

（三）在警察战斗行动的实施过程中不间断地补充新的情报

根据新情况不断修正战斗谋略和实施方案，直到获取最后的胜利；战斗行动实施过程中的情报是具体实施时出现的事关行动能否成功的重要情报，具有时效性并对行动产生较大的影响，因而，在实施中不断获取情报，修正谋略乃至行动方案至关重要。

当然，警察执法战斗实践中指挥员所掌握的情报在不少情况下是不完全的或有变化的，有时几乎是在事先没有任何情报或者只有零星情报的情况下突然发生的案件。这就要求指挥员到达战

斗现场时要主动收集情报，下工夫组织现场勘察，利用各种手段获取情报，侦察敌情，并根据现场情况施计用谋并制定战术方案，作出应急反应。

## 二、分析判断是达成施计用谋成功的前提

"审时、料敌、度势，乃用谋之根本，始计之大法。"警察的执法战斗虽然是和平时期一种规模小且具有优势的战斗，与军队的作战有着不同的特点，但谋略方式和战斗程序大同小异，都讲究谋后而动，不打糊涂仗。分析判断就是要通过对有关影响警察执法战斗的一些主要因素进行收集、归纳、分析、判断以得出将用何谋，施用何计的结论。分析判断在警察执法战斗中的内容有：审定时局以便乘时辩机，判断敌情以便明了敌意，分析态势以便谋取有利。

（一）审定时局，乘时辩机

审定时局，即对警察执法战斗时的大的形势、态势、时机等进行分析。审定时局的基本内容。

（1）判定总的形势是否有利。即对战斗处置现场总的形势进行判定，看能否进行现场处置。警察执法战斗的实施虽然是和平时期优势战术的运用，但有时要受现场环境，现场具体情况等的制约、还要考虑战斗实施的成本和效果；考虑处置结果是否对人民生命财产及警察的生命有不利影响等，如果综合判定得出在现场处置不利的结论，就应改变策略。

（2）判定现场态势是否有利。即对战斗处置现场敌我实时的人员数量、武器、所占地形等具体情况进行优劣判定，得出是实时处置、延时处置还是异地择时处置的结论。

（3）判定处置时机是否有利。即对战斗处置现场的处置时机情况进行判定。主要是现场有否处置机会、何时可能出现处置机

会、如何创造处置机会、没有机会何时设置异地处置、延时处置的时机等。

## 战例分析

2004年3月12日上午10时40分某市分局派出所民警闫某与陈某穿着便装外出办事，在路过本市菜市场附近的综合超市时发现协查通报中的罪犯巴特尔。

巴特尔，蒙族，27岁，身高187cm，体重91kg，内蒙古乌海人，体形剽悍，擅摔技，2003年4月22日一次朋友聚会时因酒后失控，与几个酒后滋事的小流氓发生冲突致二人重伤而入狱，服刑期间因不服判决越狱潜逃。

该超市位于闹市区，共四层，一、二、三层为售货区，四层为办公区，其中一层的东面与南面各有出入口一个。该超市由于促销手段多样，奖品丰厚，颇得市民青睐，超市内终日人头攒动。

1. 案情分析

对我方有利的条件：一是罪犯身处异地，警惕性不会太高，存侥幸心理；二是人多喧闹，罪犯注意力易分散、警惕性易下降；三是便于我执法战斗人员便衣接近。

不利的条件：一是人多喧闹，犯罪嫌疑人如有同伙，我方易遭攻击；二是如果盘查，可能使我方既问不清、听不清也查不清；三是容易引起围观，造成混乱；四是如果处置不利犯罪嫌疑人易利用现场混乱逃走或劫持人质，五是犯罪嫌疑人个人打斗技能较好，如处置不利形成打斗易造成物质和人员的损失等。

2. 结论

从现场环境、力量对比和时机利用等情况分析，现场处置的时局不利，不利于现场处置。在对处置现场的形势、态势、时机

进行了综合判定后，根据战斗处置现场具体情况再结合其他因素得出用谋择机的结论。

（二）判断敌情，明了敌意

即在通过积极主动地收集犯罪嫌疑人情报信息的基础上，借助想象、联想、分析、判断和推理分析判断其企图、计谋和决心。其目的是通过对战斗对象企图、计谋、决心的判断，为我方采取相应的处置策略、谋略和战斗样式等提供决策依据。判断敌情的基本内容。

（1）通过分析判断犯罪嫌疑人的动机、企图、决心，确立我方的处置策略和原则。

（2）通过分析判断犯罪嫌疑人可能采用的计谋，确立我方的处置谋略和对策。

有时犯罪嫌疑人的企图、计谋和决心不明，这时就需要根据收集到的犯罪嫌疑人的情报信息结合执法战斗现场的具体情况进行推断分析，常用的推断分析方法有：

一是以现占隐。这是一种由表及里、去伪存真的推断分析方法。即根据犯罪嫌疑人表露出来的态势、行动等现实情况去推断其没有表现出来的动机、企图以及未来的可能行动等情况。以现占隐推断分析方法要求警察施谋者具有丰富的实践经验和渊博的知识，特别是敏锐的辨别力，能够辨明哪些是真相，哪些是假象以及善于透过现象看本质的深透洞察力。

二是以己度敌。主要有两个含义：一是将心比心，反向推测，即站在犯罪嫌疑人的角度思考问题，进而推出犯罪嫌疑人最可能的行动；二是从己方行动去揣度犯罪嫌疑人想什么以及准备做什么，特别要善于从"己短"推知犯罪嫌疑人可能采取的对策。

三是量池测水。这是从制约条件入手进行推断分析，任何计谋方略从构想到实施，总要受各种现场客观条件的制约。因此，警察施谋者往往可以通过对战斗现场客观条件的分析，来推断犯罪嫌疑人可能采取的行动。

四是投石问路。主要是通过己方的主动试探行动，如打草惊蛇、虚张声势等，诱使犯罪嫌疑人作出反应，再根据犯罪嫌疑人的反应来推断其企图。

五是按脉诊病。就是通过把握犯罪嫌疑人的心理脉搏和思维轨迹来分析判断犯罪嫌疑人当前的动机和企图。只要知道犯罪嫌疑人在各种情况下可能怎样考虑问题，就不难推断出他在一定条件下的对策，把握犯罪嫌疑人的个性、思维特点；其所拥有的知识、经验；其行为习惯和犯罪活动的背景、经历等。只要掌握了犯罪嫌疑人以往处理问题的思路，就可以找出其比较稳定的思维轨迹，再结合当前的具体情况，抓要害，围绕犯罪嫌疑人的根本目的进行综合分析，就有可能推测出犯罪嫌疑人可能采取的计谋方略。

根据上述案例进行分析：罪犯远离犯罪地点来我区的目的是什么，来超市的目的是什么，是逃避路过，是投亲靠友，是购买生活物品偶然路过还是没有着落无聊闲逛。由于我们的警察是偶然发现不可能了解，因此如果牵强附会地分析其企图、计谋、决心是不科学的。但是根据现场的情况我们是可以得出或掌握一些关于罪犯的企图、计谋、决心和力量等。

（三）分析态势，谋取有利

分析判断态势，即对战斗前警察与犯罪嫌疑人对峙时的具体状态与形势等进行分析。分析态势的基本内容有：

1. 分析判断警、嫌双方的力量情况

客观真实的对比警、嫌力量是打赢执法战斗的前提。

(1) 对犯罪嫌疑人情况的分析判断包括如下方面：

人员：犯罪嫌疑人的人数、性别、年龄、面貌、衣着、体态等；

时间：犯罪嫌疑人作案时间及现在情况；

地点：犯罪嫌疑人作案地点、现在所在地点及下步可能要去的地点；

装具：犯罪嫌疑人持有的武器、爆炸物、使用的代步工具等；

技能：犯罪嫌疑人的智能、体能、掌握技巧的种类，尤其是格斗、对抗和使用爆炸物的能力等；

状态：即我方展开行动时犯罪嫌疑人可能所处的状态，如有无人质；行动范围内有无群众；他们的警觉程度和可能采用的抵抗手段等。

(2) 对参战警察情况的分析判断。

分析判断情况不仅要了解犯罪嫌疑人情况，对自己的情况也应了如指掌，这样才能将最合适的人和最合适的装备用到最合适的地方去。因此应当全面考虑参战警察的实际情况，具体而言包括参战分队或小组的警力数量、战斗技能、个人经验、各自特长、士气；分队或小组指挥员及个人的战术意识、战术素质、战斗灵活性及相互间配合的熟练程度；临战状态下的体力、心理和精神因素状况；本分队或小组及个人的武器装备类型、性能、保障程度；应付和处置特殊情况的能力及技术技巧；武器、警械、通讯及其他作战物资器材的保障程度；行动时的机动方式、行动速度、车辆和救护保障等。特别应掌握主要突击人员的战斗素质和应变能力。

2. 分析警、嫌双方所占地形的优、劣情况

主要分析判断地形尤其是局部地形对我方展开行动后产生的影响和利弊。

对敌方地形的分析判断主要为：哪些地形便于敌方观察、射击，对我方造成有效抵抗；哪些地形便于敌方伪装、隐蔽，对我方造成突然袭击；哪些地形便于敌方逃跑。对我方地形的分析判断主要为：哪些地形便于我方观察、监视和指挥；哪些地形便于我方实施火力压制、警力支援、特种攻击；哪些地形便于我方隐蔽、接近和机动；哪些地形应迅速占领、哪些通路应立即封锁等。通过对地形的分析判断，就能使我方了解采取战斗行动时地形对双方产生的利弊和影响，便于我方充分利用地形状况，增加胜算。

3. 分析判断气候对警、嫌双方的影响

气候判断的主要内容是，根据季节分析气象条件和日出日落时间，判明对敌我双方活动的影响，特别是不良天气和夜间条件下对警、嫌双方行动的影响。如风、雨、雾、雪天气，视线不良，不利观察和射击，道路泥泞，不利行动；夜间黑暗，犯罪嫌疑人隐蔽逃窜，目标不清，易发生误会等。

通过以上对犯罪嫌疑人的情况、警察情况、地形、天气等各种情况进行分析判断，就可得出一定的结论。当前的态势如何，具体态势对我方执法行动的影响如何，我方将针对当前态势采取什么样的谋略等。

分析判断态势的最终目的是为了谋取有利态势，即度势为了造势。执法战斗中的态势无非是有利态势和不利态势两种，其中完全有利的态势是不存在的，有利态势中肯定包含有不利的因素，而绝对不利的态势也是不存在的，不利态势中也肯定包含着有利的因素。作为执法战斗的施计用谋者应通过一定的方法、手段和

策略，消减不利，培养有利。谋取有利态势的方法很多，但必须根据执法战斗中现存的态势、地形、能力、时机、警、嫌的情况等实际，充分发挥施计用谋者的主观能动性和自身掌握的有利条件。积极主动地去创造有利态势。

一是机动造势。即通过有计划、有目的的警力机动或调动犯罪嫌疑人使其处于不利境地；或占据有利态势，如，预先控制战术要点和犯罪嫌疑人可能藏匿的地点等；必要时亦可主动后退一步，创造有利态势或摆脱不利态势。

二是主动造势。以积极的处置行动诱迫犯罪嫌疑人作出错误的行动。即以一定的战术行动引诱或逼迫犯罪嫌疑人，使其进入不利态势。如，快速反应行动、围追堵截、大范围的统一清查、重点盘查等。这是一种积极的造势手段，要求指挥员必须从全局出发，精心计划和指挥每个战斗行动，将其在全局的统率下有机地联系起来，使每一次的战斗行动，都能为转变和创造有利态势服务。

三是诱错造势。利用犯罪嫌疑人的错觉诱其进入不利态势。指挥员必须善于发现犯罪嫌疑人的错误，并运用各种诡诈手段去扩大犯罪嫌疑人的错误，使其误入歧途而处于不利态势。

四是欺骗造势。通过欺骗使犯罪嫌疑人处于不利态势。欺骗一般要达到三种效果：诱使犯罪嫌疑人改变对我方不利而又将采取的行动计划；诱使犯罪嫌疑人实施对我方有利而其又认为自己的计划是正确的；通过示形用诈等手段使犯罪嫌疑人无法判断我方的谋略和行动而无所适从。指挥员要在大量收集犯罪嫌疑人情报的基础上合理地揣度犯罪嫌疑人的企图和心理，根据实际情况灵活地选择欺骗的类型和方法，才能达到预期的目的。

五是技术造势。即利用警察掌握的先进装备和技术进行造势。

六是心理造势。就是通过积极主动的有效手段达到攻敌之心、乱敌之谋、泄敌之气、丧敌之志的效果，使其处于紧张、恐惧、疑虑等不良的心理状态，而使其处于不利态势中。心理造势，通过打击行动或威慑，给犯罪嫌疑人造成心理威胁，也可以利用各种政治宣传或秘密力量手段等，分化瓦解犯罪嫌疑人。

## 第二节　攻心夺气成功的手段

### 一、攻心夺气是达成施计用谋成功的手段

凡战者，当攻心为上，夺气为先，攻心夺气是乱敌谋略、丧敌胆识、泄敌勇气、涣敌斗志，收"不战而屈人之兵"的最经济的选择。因此，在警、嫌对抗中警察指挥员应将攻心夺气作为贯穿始终的最优选择，权诈诡道之谋，应首先从对方心理上突破。

攻心夺气就是通过宣传、欺骗、威慑等手段影响犯罪嫌疑人心理，动摇犯罪嫌疑人的信念，引起犯罪嫌疑人的疑虑，破坏犯罪嫌疑人团伙头目的威信，使犯罪嫌疑人失去常态，造成其恐怖、忧虑等。攻心夺气的手段主要有以下三种：

（一）威慑攻心

即以处置行动的手段为主，通过各种渠道，显示实力、优势和决心，特别是良好的处置行动战绩，造成犯罪嫌疑人的恐惧心理，进而使其犹豫、徘徊、动摇最终丧失信心和斗志。

（二）宣传攻心

即以各种宣传手段，宣传党和政府的政策，对犯罪嫌疑人的心理施加影响，促使犯罪团伙分化瓦解。如通过电视、广播、报纸等手段开展心理攻势，发挥政治优势；亦可通过"自首从宽、抗拒从严"的政策宣传和现身说法来动摇、瓦解犯罪嫌疑人；或

是利用犯罪嫌疑人对亲人的眷恋之情等形式，使其丧失信心，甚至缴械投降。

（三）欺诈攻心

就是以伪装、冒充等手段，如混入犯罪团伙内部或假装"自己人"接近犯罪嫌疑人。通过各种传播渠道，尤其是充分利用传闻，散布一些消息、新闻或事件，给犯罪嫌疑人制造错觉。离间犯罪团伙内部关系，扰乱犯罪嫌疑人阵线，分化瓦解犯罪嫌疑人。

攻心夺气地运用必须注意以下方面：一是要以瓦解犯罪嫌疑人的意志、信心作为主要目标，同时注重对犯罪团伙头目的攻心，以犯罪嫌疑人性格上的缺陷为突破口，避其长，击其短。二是把握时机。犯罪嫌疑人的意志、信心等是随时间而变化的，因此应注意把握犯罪嫌疑人的意志、信心的消长变化曲线，争取和保持心理战场上的主动态势。当犯罪嫌疑人意志消沉、信心不足、士气下落时，是分化瓦解最易见效的时机。当犯罪团伙内部出现矛盾时，应把握"急攻则合，缓攻则离"的思想。当敌胶着、对峙时，是攻心最活跃的时机，此时运用攻心夺气是打破僵局的重要因素。三是一般不采用极端对立的方式而是站在犯罪嫌疑人心理定式的角度，选择和安排对其宣传内容。四是多种手段综合运用。攻心谋略同处置行动相结合，非强制性手段同强制性手段相结合，各种攻心手段要结合使用，特别是要善于使用各种形象直观的宣传形式，方能收到好的攻心效果。五是因人而异。犯罪嫌疑人的心理状态是因人、因时，因地而异的，所以攻心也要因人因时、因地而异。只有抓住犯罪嫌疑人的心理弱点，并根据当时当地的处警现场形势，采取不同的方式施加不同的心理影响，才能收到最佳效果。

二、示形用诈是达成施计用谋成功的途径

"形"指战斗形态，即执法战斗中处置力量的分布和处置行动方式的外在形态。示形，是欺骗的一种方式，是有目的、有计划地显露自己的形态，或真或假，或虚或实，使犯罪嫌疑人看不清形势的本来面目，摸不透我们的真实意图，从而陷入犹豫不决、无所适从、进退维谷的困境，进而导致行动上的失误。它是执法战斗指挥员创造性地运用处置力量的一种谋略。

示形用诈的方法多种多样，但"形不过虚实"，归纳起来，大致有以下几种类型：一是处置力量上的示形用诈，如示弱骄敌、虚张声势等；二是处置空间上的示形用诈，如近而示之远，远而示之近等；三是处置时间上的示形用诈，如欲迟伪速，欲速伪迟等；四是处置行动上的示形用诈，如用而示之不用，能而示之不能；五是利益上的示形用诈，如欲擒故纵，欲取故予等；六是处置态势上的示形用诈，如虚而实之，实而虚之等。

示形用诈的运用，作为执法战斗的指挥员应把握以下几个方面：

1. 动静相映

示形有动静两个方面。动中示形，谓之显形；静态之形，称为隐形。示形应是动静相辅相成，显形隐形结合使用，动则我方牵敌动，敌随我动，静则暗藏杀机，使敌莫测。

2. 反示意向

"反示"是指传递给对方的信息所表明的是和我方的主观意向相反的。反示意向，要和人们通常分析判断问题的思路相符合。就是说，在某种情况下，人们一般都会这样想而我偏要那样想。将我的意向隐而不露，使对方无法得知，顺着人们通常认识问题的思路，在我方意向的相对点示之以显形，使之相信我方的意向真在于此。

3. 顺佯敌意

指假装顺从对方的意图，把对方的行动引向极端使他犯错误。要使犯罪嫌疑人失误，最好的办法就是做犯罪嫌疑人所希望的事情。只有投其所好，才能调动犯罪嫌疑人。然而，对方也是有头脑的活人，采取一相情愿，强加于人的办法，对方是不会接受的。善于"投其所好"方能调动对方就我所范。逆着对方的意图，对方必然警惕防范。相反，顺水推舟常常是达到既定目标的最好手段。

4. 合情从势

人们最容易按自己过去所谓的成功经验办事，因此示形的运用必须合乎犯罪嫌疑人以往的思考和行动习惯，顺从执法战斗现场环境变化的实际。从另一方面讲执法战斗的指挥有时为求稳妥，在观察和处理情况时，也往往会不自觉地重复过去的习惯，这也容易使犯罪嫌疑人找到我方战术处置的脉络，反施计于我方。因此，形势不同，示形亦应不同；如果不看形势发展而机械地套用原则只能是弄巧成拙。

5. 虚实相兼

示形的表现手法无穷，但归纳起来说，无非是真真假假，虚虚实实。战不过奇正，形不过虚实，运用之妙全在于因敌而制变，因此，应使虚与实在时间、空间上相互照应，隐真于众假之中，藏实于众虚之内。最关键的是给犯罪嫌疑人造成一种逻辑上的合理性，使犯罪嫌疑人对自己的错误判断感到顺理成章。在现代科技水平高速发展条件下的"示形"必须充分运用我方所掌握的各种先进的技术手段，力争做到制人而不制于人。

## 第三节　正合奇胜成功的捷径

"凡战者，以正合，以奇胜。"其含义是：大凡作战，一般都是以正兵当敌，以奇兵取胜，是相反相辅的两种用兵方法。一般来讲，"正"指用兵的常法，反映着对抗的基本规律。具体为，先出为正，后出为奇；正面强攻为正，侧翼偷袭为奇；明战为正，暗攻为奇。常规战法为正，特殊战法为奇；堂堂之阵为正，运动偷袭为奇。奇正相互对立，又相互联系。正兵合战，出奇制胜，二者相映生辉，相比较，奇变之法表现得更为丰富多彩，对于取胜的价值更高。因此，执法战斗的谋略重心应放在出奇用变上。

正合奇胜在执法战斗谋略上的运用来说，主要表现为以下几种形式。

### 一、出其不意，攻其不备

这是出奇制胜的基本途径和方法，就是要在犯罪嫌疑人不意、无备的情况下突然行动置犯罪嫌疑人于措手不及，欲守不能，欲逃不得的困境，从而使其志屈气虑，势乱就歼。出其不意，主要是在敌人料想不到的时间或地点，突然行动打击犯罪嫌疑人。

### 二、避强捣虚，正合奇胜

"虚"，有时指空虚，有时指弱小。击虚，既包括从虚弱处开刀，又包括捡弱的打或奇兵直插犯罪集团的"软肋部"，一举动摇犯罪集团的整个防线。"虚"，并非无意义之处，而应是敌之要害，只是因其表面上有良好的条件而往往容易被忽略。

### 三、扬短抑长，以短拖长

扬长避短，是指挥常识。然而有的时候却需要"扬短抑长"，即故意显露自己的短处，而将长处隐藏起来。这看似十分拙劣，

其实是非常高明的,特别是在与犯罪嫌疑人初次交手,对方对我方尚无深刻了解之时。尤其是在特定的条件下,以己之短击敌之长,才能出其不意。

### 四、乘敌之隙、兵贵神速

犯罪嫌疑人不可能不犯错误,因此,乘犯罪嫌疑人之隙的可能性是存在的,更何况我们还可以人为地造成犯罪嫌疑人的过失。乘敌之隙乃属用计,但乘敌之隙必须神速,"速则乘机,迟则生变"。只有用兵神速才能及时抓住转瞬即逝的战机。

### 五、奇正相生、综合运用

用正和用奇是相辅相成的,没有正也就无所谓奇。正兵因奇兵而变化,奇兵以正兵依恃。何谓"正",何谓"奇"也没有固定刻板的规定,必须"变而能通",有时以奇为正,有时以正为奇。奇正的运用也不是孤立的,还必须同示形、造势等谋略结合起来,才能形成巨大的威力。出奇制胜必须突破思维定式,不拘常法,敢于打破处置行动常规,以坚定的自信心驾驭整个警务处置行动,从风险中获取胜利。

出奇制胜的关键在于临机应变。"变"有两种含意:一是创新。不断寻求"第一次"。二是和常相对应。即在常法,常理、常规基础上变通。因此,只有熟知一般战术原则并善于活用它才能真正把受常与应变结合起来。研究警察执法战斗的谋略要善于抓住奇正互为依存、互相转化的辩证关系,从实际情况出发,灵活地掌握和运用战术原则,绝不可僵死的,一成不变地认识奇正。

# 第三章　徒手控制武力等级划分

## 第一节　徒手武力伤害程度划分

　　人体的不同部位、不同组织器官对外来暴力侵害的承受力差异很大，往往同一性质、同样大小的暴力作用在人体的不同部位会产生不同的打击效果，为此，人们约定俗成地将那些与生命活动息息相关同时又容易遭受打击，打击后容易引起死亡、昏迷或伤害的部位进行暴力等级的区分，制定出不同的武力等级。

　　警察不使用警械、武器或就便器材而是通过徒手技术动作对违法犯罪行为人实施的武力控制，按照使用效果可将徒手武力分为：无伤害徒手武力、轻伤害徒手武力、重伤害徒手武力、致命徒手武力。徒手武力的使用效果由攻击部位和攻击力量的不同而决定。一般情况下，警察由于拥有单警装备，徒手武力原则上仅限于徒手对徒手，当违法犯罪行为人持有器械时，应口头警告命令其放下，然后实施徒手控制。如果对方拒不服从，警察应选择相应的警械或武器进行武力控制，而不是通过徒手对器械、徒手对武器来达到使用武力的目的。

### 一、一级伤害武力

　　遭到攻击时非常容易致人昏迷、直至死亡，即致残、致命伤。

致残伤,虽没有造成死亡,但对损伤局部或整个机体造成不可逆转的后果,如致使器官功能丧失,致使肢体残废,或对健康带来永久性的损害。致命伤,一般都为影响机体生命活动的重要器官遭到严重损坏,受伤人会因生命器官的迅速衰竭而死亡。

## 二、二级伤害武力

遭到攻击时对机体不足以构成重大损害,没有直接生命危险,损伤后一般较容易治愈和恢复,治愈后没有重大机能障碍,不会留有残疾,不影响正常的生活和劳动能力,对人身健康不会造成永久性损害。打击上腹"太阳神经丛",可使人立即休克;以手掌砍击颈前喉结等,可立即引起反射性闭气,甚至引起呼吸骤停;砍击颈后"颅颈交界处",可造成程度不同的脑震荡及脑干损伤;用蹬、踢的方式击打相应部位都可产生较理想的效果,以两手配合拧拉、缠、锁、扣、压、切、反折关节,可损伤关节形成擒拿势态等,方法灵活,形式多样,可谓"一看就懂、一学就会、一练即可用"。

## 三、三级伤害武力

损伤仅限于体表软组织或损伤部位远离机体的重要器官,或损伤面很小,损伤程度极轻,损伤局部不会对生命活动构成威胁,损伤当时没有重大机能障碍,对人体健康也没有直接的损害,伤后极易治愈,或完全不经治疗可自行痊愈,痊愈后各器官系统的机能保持正常。

# 第二节 徒手格斗技术的击打部位及伤害机理

## 一、徒手格斗技术击打方法

在实战的格斗对峙中警察欲迅速将犯罪分子制服或当警察处

于危险的情况下，人身安全受到犯罪分子的直接威胁时，最有效的方法就是攻击其要害部位。但在实战中，警察有时难免在身材、技术、力量及体力上处于不利的地位，在一些突发性事件中还往往会措手不及。然而，无论在任何情况下，只要迅速、准确地打击对方的要害部位，便能即刻使其丧失抵抗能力。攻击人体的要害部位一般不需要特殊的击打技术。主要是力度、时机、部位及准确性等的把握，这一点显然不同于竞技格斗等运动，对击打路线和部位有着刻意的要求，我们有着相对完全的不受拘束的自由，身体的各个部位都能够成为打击犯罪分子的得力武器。用手指点按或掐拿等方法，作用于对方相应部位就能产生好的效果，例如以拇指和中食指掐拿颈部的"颈动脉窦"，可在几秒钟内使人昏迷；持续点按咽喉，可使人窒息；以拳打击"太阳穴"可使人立即昏迷倒。

**二、头部**

头部是人体最重要的要害部位。头部颅腔内有大脑、小脑和脑干，是控制人体生命活动的神经中枢。头部遭受暴力击打，较轻者会造成脑震荡，重者会造成颅骨凹陷或颅内血肿而使颅腔内压力增高，形成"脑疝"而死亡。

（一）太阳穴损伤机理

太阳穴在耳郭前面，前两则，外眼延长线的上方。太阳穴是颅骨骨板最薄弱的部位，易骨折，骨折后直接影响脑膜中的动脉易破裂，伤后若不能有效止血即可致死。太阳穴深层脑组织为颞叶，是人体的位听中枢，遭到打击后，人体易失去平衡。

太阳穴在中医经络学上被称为"经外奇穴"，列为要害部位的"死穴"。一经击中，轻则昏厥，重则殒命。现代医学证明，以暴力击打太阳穴，轻则使人头晕、目眩、两眼发黑、平衡不能

保持，重则昏迷，如不及时救治，易伤及性命，为致命区。

（二）鼻、面三角区损伤机理

外鼻位于颜面中央，是由骨和软骨构成的骨性结构。面三角区是指面部鼻根以下，鼻两侧至嘴角外的三角区域。鼻骨架为软骨，易折，造成鼻塌陷或侧隆起，引起鼻窦损伤，鼻骨两侧有泪骨，可致使鼻翼酸疼，泪流不止，视力出现障碍；严重的造成脑脊液外漏，易造成逆行性颅内感染，危及生命。面三角区内，神经、血管分布极为丰富，破损后易引起颅内感染，脑膜炎等。

（三）耳门损伤机理

头部左右两侧，即两耳部。耳膜破裂、内耳迷路震荡，引起耳内出血、疼痛、耳鸣和听力丧失。有时伴有头晕、恶心、休克等症状。重击后颞骨骨折，出现脑脊液耳漏，常常会出现昏迷、面瘫等脑震荡和脑损伤。打击耳部，轻则损伤平衡机能而跌倒，重则使人昏迷、毙命。

（四）耳根部损伤机理

耳根部即耳垂后根部，在耳垂后，下颚角以上，颞乳突以下凹陷处。耳根是一个极为敏感的部位，掐拿耳根会产生剧烈的酸疼感，用力掐拿可以使人昏厥。耳根是从头侧面的薄弱部位上接近颅底和延髓，打击易使颅底震荡，引起心跳突然减弱减慢、血压下降、呼吸短促困难，造成生命垂危。重击会出现严重昏迷或心跳、呼吸骤停而立即毙命。

（五）颈侧颈动脉三角损伤机理

颈动脉三角位于胸锁乳突肌前缘的颈内侧三角中，颈动脉鞘于颈动脉三角处接近皮下。在此分支为颈内动脉和颈外动脉。人们通常认为，锐器切颈是对颈部最大的损伤。但实际上，打击或压迫该部位，远比切颈造成的危害更大，打击或压迫颈动脉三角，会刺激颈部的迷走神经，对心跳和呼吸产生双重的抑制作用，反射性的引起心律减慢、心力减弱、血压大幅下降，同时还会引起长时间的反射性闭气，使吸气突然停止，甚至会引起心力衰竭和呼吸骤停而导致死亡。

（六）喉结损伤机理

喉结在颈部正中，突出于皮下。喉结上通咽、口、鼻腔，下连气管，是气体交换的主要通道。喉由软骨构成支架，其中甲状软骨为最大一块，在颈前突出的部分为喉结。人们通常认为切断气管或喉管便可致死。但实际上，徒手以拳、掌打击喉结或勒颈、扼喉压迫喉结会使迷走神经和喉上神经受到强烈刺激传入脑髓，引起反射性闭气、突然窒息、心律锐减、血压下降，引起心跳、呼吸停止而立即导致昏迷或死亡。

三、颈部

颈部是影响人体生命活动的重要通道，主要有正面的咽喉，两侧的颈总动脉和后面的颈椎。颈部被锁、被勒或咽喉被卡压以及颈总动脉被砍击，会造成呼吸困难，大脑缺血或造成心脏反射性心跳停止而使人休克或昏迷，如用力过猛，会在短时间内使人窒息死亡。

四、胸部

胸腔两侧有肺，是呼吸系统中用于气体交换的最重要的器官。胸腔正中偏左有心脏和连于心脏的大血管，是保证血液循环的动力器官和心血管系统的枢纽。胸部受到暴力击打或重力挤压、砸压，会使心、肺功能受到严重影响和损伤，严重的会造成心、肺功能衰竭而死亡。

五、肋部

肋部由12对肋骨组成，并与12个胸椎以及胸骨共同构成骨

性胸廓，保护胸、腹内脏器，并参与呼吸运动。由于肋骨细长脆弱，呈弓状弯曲，受到暴力击打或重力砸压时，易造成骨折，轻者疼痛难忍，影响呼吸。重者骨折端刺破胸、腹内脏器，造成循环障碍或体内大出血，导致休克甚至死亡。

### 六、腹部

腹腔内有肝、胆、脾、胃、肠、膀胱等脏器。腹壁内膜层上和各脏器外膜层上感觉神经末梢丰富，对痛觉感受非常灵敏。受到暴力打击后，会感到剧烈疼痛，引起反射性痉挛、呕吐或休克、昏迷，严重的会造成脏器破裂体内大出血而死亡。

### 七、腰部

腰部是脊神经腰丛的出处，腰椎两侧还有肾脏，是人体重要的泌尿器官。由后或两侧击打腰部，可使脊神经腰丛部分和肾脏受到损伤，失去正常功能，严重的可导致下肢瘫痪或因肾功能衰竭而死亡。

### 八、裆部

裆部是生殖器官所在处，人体感觉神经末梢最丰富、最敏感的部位。如受到顶、撞、抓、踢等暴力会引起剧烈疼痛和痉挛，导致休克、昏迷甚至死亡。

## 第三节 徒手格斗技术的使用原则

徒手格斗技术作为武力强制手段的一种，一旦实施必有后果。所以警察实施强制手段必须把握一个总体原则，即效力与侵害程度的对等性原则。我国《刑法》明确规定："对没有明显危及人身安全或重大利益损害的不法侵害行为，不应采取重伤或杀害的手段去防卫"。因此，警察在使用中必须遵循如下原则。

一、合法性原则

每一个强制措施，包括徒手格斗技术在内，只能是警察在执行公务过程中，对抗暴力侵害时适度使用。在使用时必须严格遵守法定的条件，并且使用过程中不得超过必要的限度和造成重大损害，否则将负刑事责任。

二、必要性原则

徒手格斗技术，尤其是易造成致残、致死的一级武力，是为保护社会公共利益、公民和自身免受暴力侵害或使侵害行为终止时才可使用的，在执法中并非对每一侵害行为都必须使用，只有在必要时才可以使用。对于一个具体的事件是否需要使用，使用何种技术手段，强度如何，应在判断清楚后具体对待。总的来说，以上介绍的一级武力，是在不能使用、不便使用或不具备使用其他武力，如警械和武器的情形下，利用徒手技术予以制止不法暴力侵害可供选择的手段。

三、适度性原则

它是指警察使用的手段种类、力度要与对方可能或已经造成的程度相适应。不同的技术手段、强度都有各自适用的条件。力度如果小于对方的暴力力度，不但不能减小暴力侵害，反而可能造成自身的伤亡；如果大于对方的暴力力度，就会造成不必要的伤害，给自身带来被动。但是在实战中，情况复杂、瞬息多变，是否进一步加强或减轻武力的强度，应视情况迅速判断清楚，而我们作出判断的最重要的依据，就是以确保保护人和自身安全为唯一的前提。

四、终止性原则

在制止犯罪时，首先应喝令警告，迫使其停止犯罪。只要犯罪嫌疑人停止犯罪，并不再继续使用暴力，警察只需将其制服，

而不必要继续以武力伤害犯罪嫌疑人。在犯罪嫌疑人丧失抵抗能力或不再继续暴力相抵抗时，警察应停止施加武力，只需对其进行束缚控制。这不仅体现了法律的严肃性，同时体现了执法者的法律意志和人道原则。当然，在遇到直接危及生命的紧迫关头，为了公众和自身的安全，使用任何严厉的手段来对付犯罪分子都是允许的、无可非议的。

当违法犯罪行为人终止其对抗行为，应立即停止使用攻击性武力以减小对方的伤害。人民警察在使用武力的过程中，当发现违法犯罪行为人已终止其对抗行为，服从命令或者已丧失反抗能力，就应立即停止使用攻击性徒手武力，以保护对方的合法权益。因此，在使用时一定要掌握好"度"，不得无限制的使用。

人民警察在履行职责中，有些职责需要直接通过武力的强制力来实现。如制止各种现行的暴力违法犯罪行为，由于暴力违法行为具有违法性和社会危害性，如若与警察执法直接发生对抗，警察必须通过使用强制的武力来制止。在某些并不需要直接武力强制力处置的事件中也可能会遭到当事人的暴力或第三人的暴力阻碍，为了保障警察依法有效地履行职责，也必须使用武力的强制手段，以防止暴力抗拒或阻碍警察有效执法。因此，人民警察在执法过程中，只有熟练掌握强制手段技能及使用的等级体系，把握好使用的原则，才能更有力地保护公民及自身的合法权益，保障法律的尊严。

**五、最低使用武力的原则**

（一）想尽办法，尽量避免武力升级

警察在执法过程中，遇到可以使用强制手段的情形应尽量说服犯罪嫌疑人服从命令，以避免使用较为强硬的武力手段。警察应首先告知对方自己的身份，要干什么，法律依据是什么，要求对方做什么，如果对方拒不服从，应该尽量克制自己的情绪，告知对方这样做的后果，进行说服教育，同时拉开要使用武力的架势，对其进行震慑使对方服从警察的指令，最大限度地不使损害发生，其体现人性化执法的要求。能用语言警告、说服对方达到目的的，绝不使用肢体武力，能用肢体控制解决问题的，绝不使用警械，违法犯罪行为人对国家、社会、警察、其他公民的生命财产不致造成严重伤害的，就绝不使用武器。

(二) 保护自己，注意安全的原则

我国公安机关多年延续着"打击犯罪，保护人民，勇敢无畏，无私奉献"的执法准则。这一准则激励着一代又一代公安民警前赴后继，为社会稳定、人民安居乐业发挥了极大的作用。然而，在社会趋向稳定发展的今天，必须适时转变理念，在提倡无私奉献的同时，更要注意保护自己，包括保护自我生命安全、保护自我人身安全。

## 第四节　影响警察实施徒手防卫与控制能力的因素

我国警察执法时不同的地域，不同的城市、城乡之间携带的警用装备差别很大，且多数警察在执法时不佩带武器。大中城市多见的警用装备为警棍、胡椒喷剂、手电，防弹头盔和避弹衣等，上述装备除执行重大任务以外几乎没有警察佩带，而在中小城市、乡镇、经济欠发达和落后的地区只带一副手铐甚至穿着警服徒手执法的情况不在少数。警用装备的参差不齐直接导致警察的防控能力下降，陡增犯罪分子袭警的机会和警察执法伤亡的概率，在目前这种警察装备的配置下，警察自身的

徒手防控技能显得尤为重要。然而，不管是警察院校还是警察各级各类的培训，警察的徒手防控技能都是教育训练的一个极其重要的内容，通过警察院校或者各级各类的徒手防控技能的培训，提高警察在执法时的防控技能，但是，我们看到这种只单纯强调理论学习而不重视提高实践能力是很难适应当前打击犯罪的需要。

**一、警察徒手防控技能教学训练现状**

徒手控制技能是警察在执行任务中遇到不能或不准使用武器的情况下，以踢、打、摔、拿、控等技法为手段，用来制服或抓获犯罪嫌疑人保护自身安全，顺利完成执行任务的一种专门技术。该技术主要以限制对方，迫使其失去反抗能力为目的。徒手控制是一项对抗性极强的综合性技术，对人体的速度、力量、耐力、灵敏、反应身体素质有着较高的要求。然而在警察各级各类培训的教学训练过程中，徒手控制技能的教学训练多数是以擒拿格斗、"一招制敌"教学训练为主，很少有将体能与技术有机融为一体进行教学训练。在公安院校的学历教育中，为提高学生的徒手控制技能，不同的院校将武术、散打、拳击、跆拳道、摔跤、柔道、武术、国外搏击术等纳入徒手控制课程中，采用条块分割式教学模式，各课程教学训练时数在 24 ~ 48 学时，教官多以技术教学为主，片面强调本课程的实用性，使学生掌握的技能不能系统化，使其在实战中不能充分运用，导致搏击技能的教学训练缺乏系统性、完整性和必要的整合。另外从动作技能的形成规律来看，警务搏击动作技能的熟练掌握需要有较长的时间保证，且要坚持不懈地训练，几十个学时的教学和训练是很难完整理解和掌握不同搏击项目实质和动作技能。而众多专家学者认为影响警察徒手控制技能的主要原因在于训练教材陈旧、训练针对性不强、训练效果较差、训练手段滞后、与实战严重脱节、师资力量薄弱、训练经费严重不足等，导致警察所掌握的徒手防卫和控制技能在实战中不能运用。

## 二、影响警察徒手防控技能的因素分析

警察徒手防卫与控制是警察必备的一项重要技能，技能的形成是有条件的（见图3-4-1）。

动作→通过练习→技术→通过练习→技巧
└→通过练习，掌握了完成动作的方法（技术）→并具备了完成动作的能力→技能

图3-4-1 技能与技巧形成过程

表3-4-1 徒手防卫与控制技术与训练目的及其影响因素

| 技术分类1 | 技术分类2 | 技术分类3 | 目标1 | 目标2 | 最终决定因素 |
| --- | --- | --- | --- | --- | --- |
| 徒手防卫与控制 | 拳脚 | 拳法 | 直拳 | 拳法组合与运用 | 拳、脚（腿）、肘、膝组合 | 徒手防卫与控制技能的综合运用。是否能在实战中应用取决于对徒手防卫与控制技术的熟练化、自动化程度，而当徒手防卫与控制技术达到熟练化、自动化程度时，徒手防卫与控制在实战中运用多少则取决于警察体能的优劣 |
| | | | 摆拳 | | | |
| | | | 勾拳 | | | |
| | | 腿（脚）法 | 正蹬 | 腿法组合与运用 | | |
| | | | 弹踢 | | | |
| | | | 鞭腿 | | | |
| | | 膝、肘 | 膝、肘技术 | 组合运用 | | |
| | 控制 | 摔法 | 转移类摔法 | 摔法组合与运用 | 摔法、挣脱、擒拿的组合与运用 | |
| | | | 过背类摔法 | | | |
| | | | 抱腿类摔法 | | | |
| | | | 用腿类摔法 | | | |
| | | 挣脱 | 颈、臂、腰 | 运用 | | |
| | | 擒拿 | 控制或挣脱加控制 | 运用 | | |

在警察培训与学历教育中所传授都是徒手防卫与控制的技术（技术是完成动作的方法），而技能是个体顺利完成技术动作的能力，警察徒手防卫与控制技术是一连串的、有机结合的动作。当技术形成了牢固的动力定型，达到娴熟运用自如的程度时，也就是动作达到了自动化程度时，就形成了技巧。当警察所掌握的徒手防卫与控制技术达到系统化、熟练化、自动化的时候并能与执法实践相结合才能称为实战技能。当徒手防卫与控制技术形成控制技能并能在实战中应用时，取决于警察自身的力量、速度、反应等体能方面的因素优劣。没有一定的力量、速度、反应的体能作保障，徒手防卫与控制技能会受到极大的限制。表3－4－1将徒手防卫与控制技能的分解包含了拳脚与控制两大类，拳脚包括拳法（直拳、摆拳、勾拳等，其目的是将拳法技术形成技能组合运用）、腿法（正蹬、鞭腿、弹踢等，其目的是将腿法技术形成技能组合运用）、肘法（顶肘、横肘、回肘、盖肘等）、膝法（顶膝、侧冲膝等），其要求都是路线正确、速度快、力量大、击点准确，练习拳脚的目的是能将拳、脚（腿）、肘、膝等单项技术形成技能并组合运用到实战中。控制包括摔法（转移类摔法、过背类摔法、抱腿类摔法、用腿类摔法等）、基本解脱技术（锁喉、正面被箍抱、正面抱腰、双手抓单、双腕、抓胸解脱、抱腰解脱、夹颈解脱等），其技术均要求技术正确、进攻时机恰当、速度快、力量大、把要紧，其目的也是将各种控制技术形成技能并能综合运用到实战中去。从表3－4－1和运用技能的形成规律我们可以清楚地知道，各种徒手防卫与控制技术要转化为技能必须经过无数次重复的训练，使其技术达到熟练化与自动化，才能在没有任何附加条件的情况下灵活应用，技术形成技能与技巧只是徒手防卫与控制技能在警察实战过程中运用的第一步，技能的运用必须在一定的力量、速度、反应等体能素质的保障下得到最大程度和淋漓尽致地发挥。因此说，影响警察徒手防卫与控制技能的最主要因素是警察对徒手防卫与控制技术的熟练程度和警察自身的体能。

**三、提高警察徒手防卫与控制技能的有效途径**

（一）转变对警察徒手防卫与控制技能影响因素的认识

思想认识是行动的先导和指南。目前多数警察认为可以通过学几个"一招制服对方"动作或通过短时间的培训就可以掌握良好的控制防卫与控制技能，这违背了动作技能的形成规律和动作技能的应用规律。在这种条件下学习和掌握的徒手防卫与控制技能只能用于表演，中看不中用，不能将其运用到实战当中。因此，必须转变警察对徒手防卫与控制技能的这种认识，从动作技能的形成规律和动作技能的运用规律这一根本抓起，提高警察徒手防卫与控制技能，彻底解决"追不上、打不赢、控不住"的问题，从而最大限度地减少警察的执法伤亡数量。

（二）加强警察的体能训练

警察体能是一切警务实战技能的基础，是减少警察执法伤亡的有效保证。没有良好体能保证的徒手防卫与控制技能及其他警务实战技能都是无源之水，在实战中很难应用。但是由于体能训练相对枯燥乏味，多数人不愿意去单独地发展和提高自身的体能，为了提高练习者的积极性与主动性，一是改善训练方法与手段来发展体能，可采用与技能训练相结合的方式或者是与战术相结合的方式，在练习技能或战术时增加对抗性来发展和提高练习者的体能，使体能与战术训练更贴近实战；二是改善训练的硬件环境，增加训练的设置，给广大民警创造一个良好的锻炼环境和氛围，如力量训练的器材、跑步机、跳绳、健身球等；三是开展丰富多

彩的体育活动来提高民警的体能。

（三）加强警察的徒手防卫与控制技能训练

在技能训练时，一定要让民警明白技能是动作构成的，是一系列按连锁反应方式进行的动作联合，经过多次练习达到完善化和自动化程度时，技能最终形成了，才能在实战中灵活运用，即只有当练习的次数达到一定程度时动作技能才能形成的道理。同时，更要强调警察的徒手防卫与控制技能的重点是防卫与控制，而不是主动攻击（因为警察的身份）。因此，徒手防卫与控制技能中拳脚技能只能作为发展体能提高练习积极性的方法与手段，而应该将防守拳脚的能力与摔法控制作为警察徒手防卫与控制技能的重中之重，而且还要把控制作为重点进行练习，而不应将重点放在拳脚的训练上。

在我国，警察的徒手防卫与控制技能对减少警察执法伤亡具有特别重要的意义，警察徒手防卫与控制技能需要技术动作达到自动化、熟练化并在良好体能保证的条件下才能在实战有效运用，因此制约警察徒手防卫与控制的两大因素是警察徒手防卫与控制技能技术的熟练化程度和体能，提高警察的徒手防卫与控制技能须从这两方面入手。

## 第五节　徒手控制力学原理

徒手控制技法，虽动作繁多，但无一不是在力的作用下进行的，没有力，就谈不上克敌制胜。因此，掌握相关的力学原理，有利于更好地学习、领会、理解和掌握擒拿格斗技术动作，有利于提高教学、训练质量，增强实战能力。

### 一、速度与力量

速度与力量是擒拿格斗的两大基本要素。擒拿格斗，要求以快打慢，快速制服对方，重创对手。快速击打，首先可使对方防不胜防，其次可增大击打力度。力学原理表明，人体的各种动力性的动作都具有加速度，从牛顿第二定律公式 F = ma 可以看出，运动物体加速度 a 与作用力 F 成正比；当物体质量 m 不变时，加速度越大，作用力也就越大。例如，重量为 60kg 的人，用同样的方法和力量击打，第一次的加速度为 10 米/秒，第二次的加速度为 20 米/秒，那么第二次的击打力就是第一次的两倍。实践证明，用同样的力量快速击打比慢速击打所获得的效果要好得多。我们在教学训练中，要求学生掌握和使用爆发力和寸劲，就是这个道理。

**二、重心与平衡**

重力的作用点称为物体的重心，物体失去平衡的难易程度称为稳度，而取得平衡的关键在于重心的控制。一个物体是否失去平衡，取决于该物体重心是否落在支撑面内，物体的重心落在支撑面之内，它就保持平衡，反之，它就失去平衡；另外，支撑面大，稳度大，支撑面小，稳度相对就小；同样的支撑面，重心位置高，稳度小，重心位置低，稳度相对就大；力学上还用稳定角来反映重心与支撑面对稳度的影响。重力的作用线（重心垂线）和重心到支撑面边缘相应点连线之间的夹角叫稳定角。稳定角越大，稳度也越大，反之，稳度应越小。因此，要想增大动作的稳定性，就要根据攻防的需要调整好重心和支撑面。如格斗中，对方下潜抱住我方左腿欲使用摔法，我方即骤降重心，右腿往后撤步，加大支撑面，增大稳定角，即可防止被对方摔倒。相反，亦可利用重心与平衡的关系克对方制胜。如贴身格斗中，我方使用"夹颈别摔"动作，以右手臂夹住对方颈部，右脚上步别住其右脚阻其后退，突然左转腰上下交错用力，迫使对方失去重心而倒

地,就是科学运用了重心与平衡的力学原理的典型动作。

### 三、惯性与制动

惯性是运动物体固有的性质。格斗中,对方与我方总要前后左右不断移动,寻找战机,还要根据对方的动作采取相应快速的进攻或防守动作,人体处在不停的运动中,就会产生惯性。

民警在与对方搏斗中,合理巧妙地利用对方的动作惯性加以反击,会产生良好的效果。搏斗中。犯罪嫌疑人不断凶猛地向我方进攻时,正是我方利用惯性,对其进行致命还击的最佳时机。如犯罪嫌疑人持匕首直扑过来,刺我方腹部,我方侧闪避其锋芒使其落空,并趁势抓搂对方持械之臂,借助其前冲的惯性,"顺手牵羊",用力牵拉而使其前扑跌地;再如,对方猛冲过来,上步蹬我方腹部,我方右侧身闪过,借助对方前冲的惯性,以右直拳迎击其头面部,必使其重创。就如小孩抛击一个小石块与飞驰而来的汽车挡风玻璃相撞击,玻璃即刻被击粉碎,尽管抛击的石块很小,速度也很慢,但却借助了汽车前冲的速度。利用对方前冲的惯性击打,其道理也是如此。

格斗中,双方进退与攻守都是相生相克的互相变换着。惯性与制动也是随动作的变化而相互变化的。既然我能利用对方的动作惯性加以击打,对方也必然可以利用我方的动作惯性给我方以还击。因此,在攻防格斗中根据临对方情况,有时应破坏惯性而以动制动,以免给对方可乘之机。例如,侧弹腿攻击是格斗中的重要招法,侧弹时,我方利用动作惯性以加大踢击的力度而重创对方。但若踢空时,又不善于制动就容易因惯性太大而转身,形成背部受力的被动局面,因此,训练时应重视动作的制动,即加快攻、防的应变转换,做到快动急停,能攻善守。

### 四、作用力和应作用力

力学原理表明:A物体给B物体施加一定的作用力,那么B

物体必然对 A 物体也产生相应的反作用力，作用力与反作用力总是大小相等，方向相反。格斗中，我方击打的力作用于对方的身体部位，这个部位也会对我方产生相应的反作用力。我方若不注意进攻或防守方法，一味地蛮攻硬打，则有可能会受到此反作用力的伤害。如我方与对方抱缠在一起，我方突然使用"勾脚前压"动作，将其压跌跪地。这时，我方的身体重量，加上快速下压的重力加速度，势必给对方身体产生一个较大的压力（作用力），同样，对方的身体也对我方的身体产生相同的反作用力。这时，如因技术方法不对，我方下压时腹部正好压到对方屈曲的膝关节上，其膝关节产生的反作用力势必会对我方造成伤害。因此，我们在格斗中对犯罪嫌疑人施加打击力时，一定要尽量避免和减少犯罪嫌疑人身体对我方身体薄弱部位形成反作用力而造成的伤害。

五、压力与压强

单位面积上受的压力称为压强。根据压强等于压力除以面积的公式可知，当压力一定量时，受力面积越小，压强就越大；反之，压强就越小。格斗中，不管使用任何方法，总是要尽可能对对方施加压强（击打力），这个压强越大越好。用同样的力出击，如果着力点的面积相对减小，那么对这个部位打击力度（压强）就相对增大，被击打处就会受到更大的创伤。从人体的构造来看，指尖、肘尖、膝尖、掌根面积相对较小，若用同样的力量，以"透骨拳"击打太阳穴或单指戳击咽喉或掌根砍击颈外侧，比用拳面攻击相应部位的杀伤力要强得多。这也正是如拳谚所说的"宁挨十拳，不受一肘"的道理。因此，在与对方搏斗的危险时刻，应多发挥肘、膝、指、掌的威力，尽量"指戳掌劈""肘顶膝撞"，以减小攻击面积，加大压强（击打力），力争一招制服对方。

### 六、合力与分力

将几个力集中作用于物体的某一点称为合力。打拳踢腿时，要求蹬腿、拧腰、转髋、顺肩，尽可能使身体各环节和攻击的拳腿合成用力，从而调动身体各部分力量集中于拳腿的攻击点上，以求获得最大的击打力，这就是合力的原理。

分力指发出的击打力分解成两个或两个以上方向的力。如打直拳时，先抬肘再出拳，这就使出击的直拳产生向前和向上的分力；直拳击打时成弧形下落，则使击打的直拳产生向前和向下的分力。分力使作用于物体（人体）的击打力大大减少。技击中，我们常要求"收如弓、去如箭""发力顺达""力点准确"，就是要求身体各环节用力的协调一致和击打轨迹的径直准确，而不至于产生分力，削弱击打效果，掌握了这个原理，我们在技击训练时，就能正确理解和掌握每个动作的发力特点和要求，如蹬腿是从里向外直蹬用力，而不该向上"撩"腿以致产生分力；防摔时的"转体拧腰"，则是为了改变对方的发力方向，将对方的合力化解成分力以达到防摔的目的。

## 第六节 使用武力等级划分

### 一、警察使用武力等级划分的必要性

随着社会的发展，警察在执法过程中面临着新的社会压力，一方面随着互联网的普及，警察在群众面前的执法过程，随时有被群众用手机摄像等方法上传至互联网，从而接受大众舆论的监督。如果警察在执法过程中有不规范和粗暴执法等行为，这些行为就会被无限度的扩大，给警察执法工作造成负面影响。另一方面在我国涉枪涉暴案件持续增加，警察在执法中遇到的突发警情，

越来越复杂，让警察难以判断使用武力的程度，警察在使用武力时就存在着很多问题，有的滥用执法武力，有的过度使用武力，易造成警察武力使用过当的情况，警察不敢或害怕使用武力，就易造成袭警的情况。

国际警长协会将警察武力定义为：警察用以迫使不服从的犯罪嫌疑人服从所必要的手段的总称。警察在依法运用国家强制力对违法犯罪行为人采取强制措施时，必须通过具体的、强制性的武力手段来完成，在国外称武力使用权，即警察在行政执法过程中，面对暴力的抗拒和攻击，可以使用武力予以制止，甚至可以使用致命的手段予以打击。警察使用武力不当影响了警察完成各项勤务活动的质量，减弱了警察执行勤务活动应有的社会感染力和社会影响力而且极易使警察的人身安全和政治生命安全受到威胁，同时损害国家的形象和法律的尊严。

**二、执法对象抗拒警察执法的表现形式**

警察执法中，依据各类违法犯罪行为人行为的危险性和表现形式，总体来讲执法对象抗拒警察执法分为"消极抵抗""积极抗拒""徒手攻击""持械攻击""致命攻击"五种表现形式。

消极抵抗，一般是指以口头或者逃避等方式拒绝服从民警命令，但未主动与警察发生肢体接触。

积极抗拒，一般是指以挣脱等动作阻碍民警人身控制，但在抗拒过程中并未主动攻击警察的。

徒手攻击，一般是指主动与警察发生肢体接触，徒手攻击或企图徒手攻击民警或他人，包括推搡、拉扯等非击打性动作以及肢体击打动作。

持械攻击，一般是指持械攻击或持械威胁警察或他人的，包括持锐器、钝器、棍棒等器具、物品进行攻击。

致命攻击，一般是指符合《中华人民共和国人民警察使用警械和武器条例》（以下简称《人民警察使用警械和武器条例》）第9条第1款第1项至第12项所规定的暴力犯罪行为中属于常规警情范围的情形，或采用其他致命手段攻击或威胁警察及他人生命安全的情形。

如果警察在实战中严格按照相对应的级别升级武力，可以有效地避免警察滥用武力和过高使用武力的行为。需要注意的是，并不是使用武力升级每一次都从最低控制的层次入手，逐步提升达到控制对方的目的，而是要根据当时的情况，面对反抗程度、危害后果进行正确的形势评估，而后作出相对应的武力抉择。

### 三、警察依法履行职责时使用武力的基本程序

警察使用武力级别的选择，是在借鉴香港警校武力训练课程中设定的武力层次的基础上，结合我国国情、相关法律及警察的实际工作环境，根据违法犯罪行为人的武力对抗程度，按照"高一级"的原则制定的。所谓"高一级"，即针对违法犯罪行为人的抗拒方式和程度，使用略强硬一点的武力。

（一）表明身份

警察在现场时穿着制服，应用语言表明自己的警察身份；没有穿着警察制服的，应在使用武力前出示警察证件同时用语言表明自己的警察身份；对方系涉嫌重大犯罪案件的犯罪嫌疑人需要进行秘密抓捕或者情况紧急的，可在直接使用相应级别武力的同时表明警察身份。

（二）命令躲避

使用催泪警械、警棍或武器前应当命令在场无关人员躲避，避免伤及无辜或者造成其他不必要的损失。

（三）使用武力

根据警情级别使用相应的武力。在使用武力过程中应与对方

保持必要的安全距离，寻找掩体，必要时可以借助现场条件进行防卫。

（四）约束犯罪嫌疑人

根据需要依法使用手铐、警绳、约束带等约束性警械约束违法犯罪嫌疑人。

（五）安全检查

警察对查获的违法犯罪嫌疑人应当进行安全检查，发现和扣押管制刀具、武器、易燃易爆等危险物品。

（六）抢救伤员

使用武力导致违法犯罪行为人受伤或违法犯罪行为人受伤的，警察应确保伤者得到及时的医疗救护，警察所在单位应派出必要的警力对伤者进行监管。无辜人员受伤的，应首先得到医疗救治。

（七）报告情况

警察使用非致命武力未造成重大伤亡的，使用致命武力和使用非致命武力造成重大伤亡的，应立即向所属机关报告情况。

**四、警察使用武力的分级与调整**

警察使用武力类型一般分为"语言控制""徒手控制""警械控制""武器控制"。执法对象抗拒警察执法分为"消极抵抗""积极抗拒""徒手攻击""持械攻击""致命攻击"五种表现形式。警察使用武力时应随着警情级别的变化对武力级别进行相应的调整。使用武力，应当本着有限使用武力原则，尽量减少人员伤亡、财产损失，所使用的武力级别以制止违法犯罪行为、制服违法犯罪行为人为限。

语言控制→消极抵抗

徒手控制→积极抗拒

警械控制→徒手攻击或持械攻击

武器控制→致命攻击

当警察遇到以下三种因素时对武力级别作出调整。

（一）违法犯罪行为人所涉嫌罪行的严重程度，涉嫌罪行较严重时，可使用更高一级的武力

违法犯罪行为人所采取的反抗形式、抗拒程度是决定警察使用何等级别武力的关键因素。警察武力使用手段的选择应根据违法犯罪行为人反抗程度的具体情况决定。实践证明，警察武力使用程度绝不能和行为人的反抗程度相平等，也就是说，警察应运用自身优势使自己的武力使用程度高于对方的抗拒程度。简单地说，对方口头威胁，警察徒手控制；对方徒手攻击，警察使用警械；对方手持匕首，警察使用武器控制；对方一个人，警察最好两人以上；对方一步步逼近，警察迅速拉开距离，口头控制，同时准备使用催泪喷射器。

（二）警察与使用武力对象的力量对比，当警察与对方力量对比相当或少于对方人数时，可使用较高级别的武力

警察应针对违法犯罪行为人的对抗程度选择不同级别的武力，要使选择的武力在攻击效果上优于对方，在人数、装备、空间上优于对方，这样的武力使用才会处处赢得主动。对抗双方及现场情况的复杂多变，决定了警察武力使用升级和降级的交错运行。武力的升降往往是相互融合、起伏叠加的。

（三）当前级别的武力无效或者警情升级的，可升级至更高级别的武力

警察的武力升级有时是一个先升级再降级再升级的过程。当违法犯罪行为人用手推搡警察进行抗拒，警察将武力升级，准备使用催泪喷射器，对方一看警察要使用警械，突然拿出匕首进行

攻击，警察就要先收起催泪喷射器，拉开距离，口头控制，这时其实就是一个由强硬武力降为口头控制武力的过程，然后，警察掏出武器又将口头控制武力升级为致命武力。根据情况不断变化的武力使用级次推演，要求警察不但要对武力使用手段、武力使用级次结构熟练掌握，还要通过清晰的头脑和战术运用来准确转换武力级别。

**五、警察执法武力的选择**

在实战中，在使用其他级别的武力时，口头控制可作为一种辅助的控制手段。例如，使用武器时下达口令，命令犯罪嫌疑人按照警察的要求去做。使用警械时，结合语言控制，对犯罪嫌疑人警告，达到震慑的目的。对象系涉嫌重大犯罪案件的犯罪嫌疑人需要进行抓捕或者秘密抓捕的以及情况紧急使用口头控制可能造成严重后果的，可直接使用相应级别的其他武力。口头控制用语应规范、直接、明了，避免采用带有污辱性的、粗暴野蛮和争吵式的语气和词汇。

（一）徒手控制

"徒手控制"，是指警察徒手对违法犯罪行为人使用的防卫、控制技术和在遇到攻击时采用的解脱、攻击技术。一般来讲"徒手控制"用来处置"积极抵抗"的情况。按照使用效果可将徒手武力分为：无伤害徒手武力、轻伤害徒手武力、重伤害徒手武力、致命徒手武力。徒手武力的使用效果由攻击部位和攻击力量的不同决定。一般情况下，警察由于拥有单警装备，徒手武力原则上仅限于徒手对徒手，当违法犯罪行为人持有器械时，应口头警告命令其放下，然后实施徒手控制。如果对方拒不服从，警察应选择相应的警械或武器进行武力控制，而不是通过徒手对器械、徒手对武器来达到使用武力的目的。

1. 警察实施徒手控制的要求

警察实施徒手控制必须要按照现场情况来进行。一是要使用合法。在徒手控制时必须要遵守法定条件，在使用过程中不得超过必要的限度和造成重大伤害，否则将负刑事责任。二是要运用适度。在实战中情况复杂，选择减轻或加强武力的强度，应视具体情况迅速做出判断，而做出判断的重要依据就是确保自身安全和群众的安全为依据。三是及时停止。在制止犯罪时，只要犯罪嫌疑人停止继续实施犯罪，警察就不能继续实施暴力伤害犯罪嫌疑人只能对其进行束缚控制。

2. 徒手控制应注意的问题

人体的不同部位、不同组织器官对外来暴力侵害的承受力差异很大，同样性质、大小的暴力作用在人体不同的部位，会产生不同的打击效果。首先，警察要了解，人体基本结构，掌握哪些部位是易受伤害部位，哪些关节可以合理控制利用，防止对嫌疑人造成重大伤害。其次，加强上肢力量的训练，重点是手指、手腕的力量。最后，在警务技能训练中有意识增加以弱对强的练习，在实战中才能运用自如。

(二) 警械控制

"警械控制"，是指警察利用警械对违法犯罪行为人使用警用制式警械，包括手铐、警棍、催泪喷剂等。一般来讲"警械控制"用来处置"徒手攻击""持械攻击"的情况。

1. 警械控制的对应武力

在公安单警装备中，警械控制主要是指使用催泪喷射器和伸缩性警棍，在效果上也包括一些就近器材的使用。警械控制的对应武力可分为：警械对徒手、警械对一般器械、警械对凶器。警械对徒手，警察明显占据优势，也符合使用武力的原则；警械对一般器械，在通过有质量的训练后警察也可利用心理上的优势和熟练的警械使用占据上风。警械对凶器，甚至对武器，警察会明显处于劣势，这违背了警察使用武力的原则，属不推荐的武力使用范畴，只有在紧急情况下才可使用。

警察武力对抗的自身能力是相对而言的，因此警察在选择武力时，一定要对敌我双方的实力进行对比分析，才能真正认清自己现场行动能力。俗话说："知己知彼，百战百胜。"实战中，警察一定要对自己的武力对抗能力有清晰的认识和准确的定位。包括：技战术掌握如何，实战对抗训练如何，装备情况，队友情况，当时心理、精神、身体状况如何等。并尽可能通过各种渠道和方法得到对方武力抗拒能力的信息以便对症下药，运用自己的优势，选择好武力级别，充分把握取胜的关键。当膀大腰圆、身高马大的违法犯罪行为人进行主动性抗拒，警察就不要再强行徒手控制，而直接使用催泪喷射器或警棍；对于一个身材矮小、骨瘦如柴的违法者进行的徒手暴力攻击，警察也不一定非要使用警棍等警械，而可以使用强硬的徒手控制以尽量降低对方的武力损害，合理选择武力的级别。

2. 警械控制的武力运用思想

警械控制在使用中应本着尽量避免使用的思想，先进行口头警告，如对方不服从，再行实施。实施时，应该以制止违法犯罪行为人的抗拒为目的以保护各方合法权益为原则，在对方有较强反抗意识或举动后才可采用，而且不可无限度地使用，当其停止抗拒或没有能力继续进行反抗时就应立即停止。杀伤性武力攻击的部位、力度、次数，都要根据违法犯罪行为人抗拒程度和手段的不同，区别对待。例如，用伸缩性警棍击打头部，极有可能造成对方实质性伤害或死亡，在西方国家被列为终极武力。如果对

方是一般暴力对抗，警察就应选择击打其手臂、大腿外侧等神经敏感中心，使其产生数分钟肢体功能障碍从而达到使用武力制止违法犯罪的目的。

（三）武器控制

"武器控制"是指警察使用制式枪支、弹药等致命性警用武器向违法犯罪行为人或其他目标进行控制或射击的行为。一般来讲"武器控制"用来处置"致命攻击"的情况。警察使用武器可分为致命性和非致命性两类。在单警装备中，转轮手枪可以使用橡胶弹头，橡胶弹头对行为人不具备致命杀伤力，属于非致命性武力，是一种特殊情况的武器使用，在效果上属于警械使用的范畴。装有实弹的转轮手枪，即使警察对准违法犯罪行为人的非要害部位射击，由于后果很难把握，所以不作为非致命性武力使用，而列为致命性武力。

《人民警察使用警械和武器条例》第9条规定，警察在警告无效的情况下及其他紧急情况下可以使用武器，此处武器的定义就是具有致命性的枪支。使用武器的武力行为是所有武力行为中最高等级的，因为枪支本身具有其他警械所不能比拟的杀伤性，对相对人人身的伤害概率几乎达到了百分之百，且不仅有伤害的存在，同时相对人死亡的可能性也极高。

在临战控制中使用致命武力是临战武力控制中武力手段的最高级别，对于这一最高级别武力控制手段的使用，国内有着严格的法律规定。在使用较低级别的武力控制手段不能达到制服犯罪分子和制止犯罪行为的目的时，或有理由相信不使用致命武力，犯罪嫌疑人的行为可造成警察自身、他人严重伤害或死亡的后果时，警察应在最短的时间内决定使用致命武力。致命武力的使用包括警用枪械的使用和使用其他武力手段对致命部位的攻击。

# 第三章
徒手控制武力等级划分

决定使用武器时，一般程序为：亮明身份——先行警告——命令在场人员躲避——使用武器——作好善后工作，包括通知上级，保护现场，救治伤员，认真书写使用武器后的书面报告，利用媒体告知群众真相和其合理、合法的依据。

警察只有通过武力使用规范的训练，并针对不同警情设置模拟场景进行模拟训练，使警察具备足够的能力，迅速判定各种警情性质，根据警情变化快速进行武力升级、降级和不同武力措施的判断和转换，应对各种复杂警情。想尽办法，尽量避免武力升级。警察在执法过程中，遇到可以使用强制手段的情形，应尽量说服对方服从命令，以避免使用较为强硬的武力手段。警察应首先告知对方自己的身份，要干什么，法律依据是什么，要求对方做什么，如果对方拒不服从，应该尽量克制自己的情绪，告知对方这样做的后果，进行说服教育，同时拉开要使用武力的架势，对其进行震慑，使对方服从警察的指令，最大限度地不使损害发生，体现人性化执法的要求。能用语言警告、说服对方达到目的的，绝不使用肢体武力，能用肢体控制解决问题的，绝不使用警械，违法犯罪行为人对国家、社会、警察、其他公民的生命财产不致造成严重伤害的，就绝不使用武器。

# 第四章　格斗技能

格斗技能是警察所必须掌握的基本技能，它是制服犯罪嫌疑人的有力武器，是保卫国家和人民、惩治犯罪的必要手段，在维护社会治安、打击犯罪中起着极为重要的作用。

## 第一节　徒手格斗控制的特点与作用

**一、徒手格斗技术的特点**

（一）以控为主，一招制对方

徒手格斗技术体系是按照远踢、近打、靠摔、巧拿，以拿为主，一招制对方，制服擒获对方的原则确定的。将对方制服擒获是我方使用擒拿格斗技术的根本目的。制服擒获的标志是在对方不敢反抗、来不及反抗或无法反抗的情况下将对方有效制服并顺利捆、上铐和安全押解到公安机关。制服擒获的途径是以踢、打、摔、拿技击方法为手段，能直接使用拿法制服擒获的，就直接使用拿法；不便直接使用、无法直接使用或单独使用拿法无法制服擒获的，可灵活或综合使用踢、打、摔诸种技击方法，在踢倒、打倒、摔倒的基础上将对方制服擒获。制服擒获的实战要求是一招制对方，在动作要领上要快、准、狠、猛，力争一招见效；在技术运用上要干脆、利落、"不招不架，只是一下，犯了招架，七上八下",不拖泥带水,不纠缠反复,不搞花架子,尽快结束战斗;在技术选择上,以击打要害,反折关节的技术为主,在法律允许的范围尺度内对对方严厉打击,绝不心慈手软。

(二)简单实用,便于掌握

徒手格斗技术动作是按照简单实用,易教易学,实效显著的取舍标准确定的。内容精炼,动作简单,便于掌握,便于普及,实战性强,对场地器材的要求也不高,经过短期训练便能实战运用。既可根据工作需要系统学习,全面掌握,也可有针对性或应急性地选学部分内容。

(三)应变性强,运用广泛

擒拿格斗技术内容丰富,技术多样,针对性强,选择余地大,基本涵盖了公安工作中需要使用擒拿格斗技术的各种情况。因此,可以根据不同的任务要求,在不同的地形、场所和对方与我方态势下针对不同的捕获对象,相机处置,随机应变,灵活运用不同的技术战术,以达到不同的控制对方效果。

**二、徒手格斗技术的作用**

(一)徒手格斗技术是克对方制胜的有效手段

近些年来,随着徒手格斗技术的不断发展,人民警察在执行职务时临战意识地不断加强,对人民警察使用警械和武器以及其他强制手段的法律规定不断完善,擒拿格斗技术在有效制止违法犯罪行为、制服擒获犯罪嫌疑人以及保障人民警察在执行职务时的人身安全等方面的独特作用越来越被各级公安机关和广大公安民警所认识,徒手格斗技术是克对方制胜的有效手段,已成为大家的共识。实践已经证明并将继续证明,只要公安民警熟练掌握徒手格斗技术,就能在对对方斗争中做到以最小的代价换取最大的胜利。

（二）徒手格斗技术是提高战斗力的重要方法

衡量民警战斗力的标准，不仅要看其装备水平，还要看其体能状况和整体组织指挥、协调配合能力以及专业技能水平和实战运用能力。坚持对民警进行经常化的擒拿格斗训练，不仅能使民警全面掌握和长期保持使用列装警械和武器以及徒手擒拿格斗的技能，而且能增强民警的体质，提高速度、力量、耐力、抗击力以及灵敏反应等专项身体素质，使民警保持充沛的体力和使身体承受激烈搏斗与对抗的能力，还能通过各种战术的训练，提高民警整体协调配合能力。因此，徒手格斗技术训练是提高人民警察战斗力的最为重要有效的方法之一。

（三）徒手格斗技术是培养优良意志品质和战斗作风的重要途径

徒手格斗技术训练中的严格要求、紧张气氛以及超负荷的大运动量、大强度训练和实战对抗的激烈残酷程度，对培养民警勇猛顽强、沉着冷静、机智果断。坚韧刚毅的意志品质和不惧强手、连续作战、奋力拼搏、服从命令、听从指挥的战斗作风具有非常显著的效果和独特的作用，是其他任何训练项目无法替代和比拟的。

## 第二节　徒手格斗控制的要素

徒手格斗，作为公安民警练习和掌握的一种克制对方技术，自然也属于技击的范畴，它与所有技击术有共同点，就是攻防性和对抗性。但它与一般的技击术（如散打、柔道、跆拳道等）又有很多不同之处，具有自己特殊的属性。以目前广为开展的散手运动为例，它与公安民警所练习的擒拿格斗术就有很大的区别，

# 第四章
## 格斗技能

具体表现在：

首先，技击对象不同。散手的技击对象是竞赛对手，对方仅是在竞赛的意义上作为对手而存在，而不是作为社会意义上的对方。警察擒拿格斗的技击对象则是那些危害国家安全、扰乱社会治安、侵害人民生命财产的犯罪分子，是实施专政的对象。

其次，技击的目的不同。散手的技击目的，是双方通过激烈的攻防对抗而战胜对手，是以交流技艺，提高技术水平，强健体魄为宗旨。而擒拿格斗则是通过实施必要的攻击手段，擒拿捕获犯罪分子，以维护法律尊严，保卫国家和人民生命财产安全、制止犯罪行为为目的。

再次，技击的形式不同。散手运动是在比赛规则的限制范围内，在裁判的主持裁决和护具保护下而进行技击对抗的一项体育运动。之所以采用限制和保护的措施，就是为了使竞技双方更公正、更安全地进行技击比赛。而徒手格斗则是警察在履行国家法律赋予的职责中，为保护人民生命财产安全，制止犯罪行为和缉捕罪犯中而实施的特殊技击术。为达到克制对方制胜的目的，它可以运用散手比赛中不许使用的狠、毒、险的各种招法，甚至采用灵活多变的各种非正常技击方法（如沙土迷眼、攻击罪犯的身体要害部位、偷袭等）来制服罪犯，必要时还可以置对方于死地。

综上所述，民警练习的徒手格斗术在技击对象、技击目的和技击形式上都具有其特殊性。因此，也决定了其技击要素的特殊性。我们在剖析擒拿格斗的技击要素时，既要遵循技击术共有的普遍性，更要挖掘其有别于一般技击术的特殊性；既要考虑技术战术因素，也要重视社会、心理的因素。只有这样，我们在学习和训练时，才能从根本上领会和掌握擒拿格斗的技击要素。

基于上述分析，我们将徒手格斗的技击要素，从心理、战术、

技术等方面作以下论述：

## 一、沉着冷静，威猛并重

对民警而言，面对穷凶极恶之对方，只有以大无畏的精神，才能做到大义凛然、沉着冷静。若贪生怕死，一遇险情，必然先顾及自身安危，或临阵逃脱，或畏缩不前。即使勉强与对方搏斗，也因"怕"字当头而惊慌失措，六神无主，纵使有一付好身手也不能得到应有的发挥。公安民警只有具备为党、为国、为人民、为事业献身的精神和胆略才能遇险不乱，临危不惧，保持清醒的头脑，冷静的思维，集中精力观察分析并采取相应的措施。

## 二、审时度势，随机应变

擒拿格斗中，应密切注视和分析对方与我双方所处的态势（包括地形地物、身体强弱、力量大小、人数对比、武功优劣以及动作虚实等），有针对性地审时度势并随机应变。如对方数倍于我方，我方当眼观六路，耳听八方，利用地形地物，尽可能靠紧墙体、树木，以免四面受对方；如对方手持凶器，而我方赤手空拳，应关注对方持凶器之特点（如棍棒、铁锹类），寻找机会，疾步靠近夺取凶器；若对方持匕首之类的利器，我方则拉开距离与之回旋，回旋中寻找木棒、板凳、砖块、石头等武装自己，化劣势为优势，切不可凭方刚血气，行匹夫蛮勇与对方硬打硬拼。临阵技击，贵在用心，应细心揣度，根据对方与我双方的情况变化灵活应变，这是十分重要的。在抓捕罪犯时，不管对方所处的态势是站立、坐卧、行走或是在车中、船上，如果我们仅凭主观臆断，施展自己认为是最拿手的招数，这样往往会导致失败。若我方能审时度势，根据对方所处的态势，对其薄弱（不备）关节，快、准、狠、猛地施加擒拿技术，则成功的可能性就很大。

### 三、攻其无备，出其不意

"攻其无备，出其不意"，语出我国古代著名的军事著作《孙子兵法》，这也是一条被历代兵家所推崇的"兵家之胜"的作战原则，意为要在对方无准备的状态下实施攻击，要在对方意想不到的情况下采取行动。这个原则的核心，就是运用突然性，乘对方不备，避实击虚，打击对方。古人认为，出其不意可使对方"莫识其来，莫知所御"，在无准备的情况下遭受突然打击。因此，如果运用得当，它可以变弱为强、化险为夷、化被动为主动。

在民警抓捕、制服罪犯的战斗中，"攻其无备，出其不意"也是十分重要的一个要素。因为我们面对的对方人，多是一些危害国家安全、侵害人民生命财产的穷凶极恶的亡命之徒。公安民警在与其搏斗中，稍有不慎，不仅会使罪犯逃脱，给社会留下后患，有时还会殃及警察自身的生命安全。因此，擒拿格斗的实施也与军队作战一样，要打有把握之战，要以最小的代价取得最大限度的胜利。那么，如何在擒拿格斗中，特别是在我方处于劣势的情况下，有效地制服对方方并保护自己的生命安全，其重要的原则就是要"攻其无备，出其不意"，在突然的攻击中以少胜多，以弱胜强，克对方制胜。

在练习擒拿格斗中，常听一些学生反映，说某某动作不好用，打不了对方或擒不住对方。究其原因，就是他在技击中暴露了动作的意图（教学中的"喂招"，本来就知道对方要做什么动作），使对方有了防卫的准备，造成擒拿格斗技术难以奏效。例如，对方右手抓我方右腕，我方做"金丝缠腕"的动作，此动作的关键在于缠挫对方的腕关节，而对方如时刻留意腕关节，腕部肌肉紧张用力，我方则很难成功。再如，我方施"挑肘别臂"动作擒对方，当对方面向我方走来，我方与其靠近时，乘其不备，我方左手抓握其右手腕，右小臂挑击其肘窝，并迅速转体，右手抓肩别臂，左手向前推其右手腕，将其擒住，这一系列动作均是出其不意，突然出击而一气呵成的。如果我方意图暴露了，对方预先有察觉，我方则很难成功。因此说"攻其无备，出其不意"是公安民警实施擒拿格斗术成功的关键要素。

### 四、以快打慢，以巧取胜

"快打慢、巧打拙、力大打力小"，历来被认为是克对方制胜的重要因素。固然，作为公安院校的学生，必须不断加强身体素质，尤其是力量素质的训练，使自己在将来的公安工作中能"力大打力小"，将力量小于我方之对方"弱者生俘"。但是，绝对的力量优势毕竟是很少的，更多的在于"以快打慢，以巧取胜"。

### 五、上下相随，手脚并用

上下相随，手脚并用，历来被认为是技击中的全面功夫。善于技击者，拳打脚踢，上下配合，协调一致，始终掌握着格斗的主动权。例如，对方上左步右手抓我方的衣领，我方右手迅速扣压对方之右手，不让其逃脱，左臂屈肘以小臂向前挫压其肘关节，同时上左脚往后绊其左脚，我方手脚反向用力，既反挫对方肘关节，又将其绊倒在地，被我方制服。无疑，"上下相随、手脚并用"是擒拿格斗的又一重要要素。

### 六、以擒为主，摔打结合

"以擒为主，摔打结合"是公安工作的特殊性所决定的。警察与军队完成战斗任务有着质的不同，军队的战斗任务往往是消灭对方的有生力量（抓活口例外）；而公安民警的任务是维护社会治安，惩治犯罪，即使是罪大恶极的犯罪嫌疑人也应该由警察缉捕归案后通过一定的法律程序定罪量刑惩治，而不该由警察随意"代表人民"将其就地正法（某些拒捕而威胁到警察或群众生命安全的情况除外），因此，这就决定了警察"以擒为主"的技击性质。

但是，单纯的擒拿动作是很难成功的，特别是对付人高马大，体壮力强之对方时，或擒、或摔、或打、或踢，应根据临对方时的实际情况随机就势，因势变招，巧妙地将"踢、打、摔、拿"结合起来，即拳语所说的"远踢、近打、贴身摔"。与对方距离稍远时，可用脚踢；略近时则用拳打；对方贴近我方时，巧制对方的关节要害，将其擒拿；或采用摔法将其摔倒在地，将其制服。例如，我方跟踪对方，欲将其擒获，这时如单纯地施展擒拿术是很难奏效的。若从后突然下俯，将对方"抱膝顶摔"在地，趁对方被摔致昏的瞬间随即迅速跪颈擒拿，就很容易成功。这就是以擒为主，摔打结合的具体体现。因此，只有拿中带打，踢打兼摔，摔擒结合，将踢、打、摔、拿有机地结合起来，才能有效地发挥徒手控制的优势。

## 第三节　失衡保护

### 一、前滚翻

**动作要领**：蹲撑，两腿蹬直，同时曲臂、低头、提臀、团身向前滚翻。前滚时，头的后部、肩、背、臀部依次着地，当背着地时，迅速弯屈小腿。上体与膝部靠紧，两手抱小腿，向前滚动成蹲立（图4-3-1至图4-3-4）。

**动作要点**：双手及时撑地，双脚用力蹬地，身体借向前的惯性，迅速团身。

**易犯错误**：头部没有及时内收，蹬地无力，团身不紧。

**纠正方法**：滚动过程中提示动作要领，在翻滚过程中，推动身体，加快其翻转速度。

图 4 – 3 – 1 　　　　　　　　图 4 – 3 – 2

图 4 – 3 – 3 　　　　　　　　图 4 – 3 – 4

## 二、侧滚翻

**动作要领：** 自然站立；身体下蹲，左脚向前一步，上体自然向前倾俯，膝关节微弯，右脚跟提起；同时左手顺势前摆向内反转，右手自然垂于右腿前且轻轻撑地；左手、左肘、左肩、背依次着地，身体侧立而团身滚动，两腿弯曲分别横向右和竖立，顺势滚动站立（图 4 – 3 – 5 至图 4 – 3 – 8）。

**动作要点：** 手部要先着地，身体斜向滚动，在滚动过程中，双腿呈跪姿的预备姿势。

**易犯错误**：滚动过程中，双腿没有充分做好跪姿准备。

**纠正方法**：滚翻过程中，强调弯曲右腿，左腿前伸。体会完成的跪姿动作。

图 4 - 3 - 5 　　　　　　　　图 4 - 3 - 6

图 4 - 3 - 7 　　　　　　　　图 4 - 3 - 8

### 三、后滚翻

**动作要领**：由蹲撑开始,双臂推撑要均匀用力,身体后倒,臀部、背部、颈部、头依次着地,滚动要圆滑。当双脚着地瞬间,迅速抬头,双手支撑推地,上体抬起成蹲撑。可以练习协调性,增强背部、颈部、腰腹部等的肌肉力量。

**动作要点**：两手从肘部后翻,稍微支撑。尽量将腰部抬高,腿部向后平伸,动作要一气呵成。注意头部和颈部要配合后翻的动作,不要造成挫伤。

**易犯错误**：后翻时,滚动速度过慢,不能完成动作。

**纠正方法**：强调后翻时,手肘用力撑地,加快后翻速度。

### 四、前倒

**动作要领**：自然姿态站立,脚尖并拢,两脚和躯干基本挺直,主动前倾倒地,两臂屈肘,置于胸前,五指并拢掌心向下,稍收腹含胸,屏息憋气。身体快要接触地面时,两掌及前臂主动拍击地面,以两掌及小臂和两脚前掌着地支撑,躯干和两腿平直悬空,身体保持紧张度,目视前方。

**动作要点**：前倒要快,全身肌肉紧张,两手臂用力拍地并保持相应支撑力,以减缓着地时的冲力(图4-3-9至图4-3-11)。

**易犯错误**：前倾下倒时,撅臀,倒地时手掌撑地,身体放松,两腿屈膝。

**纠正方法**：按卧、跪、立的程序分解练习,体会动作要领。多做分解使用,克服害怕心理。

### 五、侧倒

**动作要领**：立正姿势站立,两腿开立,屈膝下蹲,右腿主动向左前伸,重心移至左腿,身体顺势向下倒,右臂顺势向下摆,身体向右侧倒,左腿支撑在身体侧面,右脚经上向左摆动,右小

图4-3-9　　　　　　　　图4-3-10

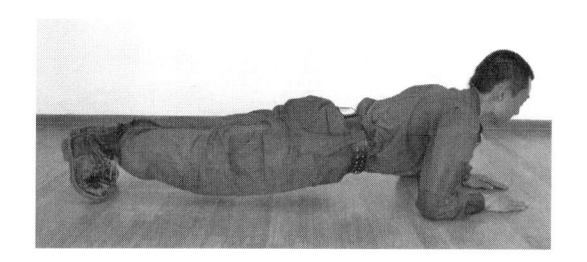

图4-3-11

臂在倒地前体前主动拍地缓冲，倒地后左腿屈膝，右腿前伸，颈部紧张，目视前上方（图4-3-12至图4-3-14）。

**动作要点**：蹬地、后倒要快，手臂主动拍地，着地时肌肉绷紧，屏住呼吸。

**易犯错误**：右腿摆动不够，造成臀部坐在地上。

**纠正方法**：加强右腿的摆动练习，腿的速度和挺腰送髋动作练习。

图 4 - 3 - 12    图 4 - 3 - 13

图 4 - 3 - 14

## 六、后倒

**动作要领**：立正姿势站立，两腿分开，屈膝略蹲，两臂自然后摆；上体后倒的同时团身、低头收腹，两臂由前经侧向后摆动，以肩、背部着地，两臂拍地缓冲；双腿上抬，顺势以后滚翻的动作完成缓冲。

**动作要点**：团身收腹，肩背着地，低头含胸，摆臂迅速，两臂主动拍地，以减轻身体撞击地面的力量。

**易犯错误**：利用倒地力量不够，易造成臀部着地。

**纠正方法**：把重心降低，多做团身收腹动作。

## 第四章
格斗技能

### 七、移动技术

（一）直身移动

**动作要领**：两脚前后站立，左脚在前，右脚在后，两手自然下垂，躯干直体，两眼正视前方，两脚自然大步或快步运动，两手自然摆动。如果右手持警棍或持手枪，可屈臂将警棍或手枪置于右胸前，同时可将左手自然向前伸出，左手臂与身体的夹角约为30°，身体自然大步前进。此动作是在距离对方目标较远时的一种身体移动。

**动作要点**：移动中身体重心保持平稳，身体正直，两眼平视前方。

**易犯错误**：动作不自然，重心起伏大。

**纠正方法**：体会自然走路姿势。

（二）屈身移动

**动作要领**：目视前方，上体前倾，两脚弯曲，以大步、快步前进，两臂自然摆动。如果右手持警棍或持手枪，可屈臂将警棍或手枪置于右胸前。同样，可将左手自然向前伸出，左手臂与身体的夹角约为30°，身体自然大步前进。此动作是用于接近目标或在遮蔽物略低于人体时的身体移动。

**动作要点**：移动中身体重心保持平稳，脚跟及外侧落地过渡全脚掌方式落步。

**易犯错误**：重心起伏大，头部摆动急。

**纠正方法**：多作对镜子练习。

### 八、卧倒与起立

（一）卧倒

**动作要领**：在正常行走或屈身移动时，左脚向前方迈出一大步，左腿弯曲，身体前倾下卧，左手向左脚方向伸出，掌心向下

稍向内，按左膝外侧、左手、左肘、身体左侧的顺序着地卧倒，右手迅速前伸抓住左手腕，两腿伸直，两脚分开约与肩同宽。此动作是用于在对方的火力威胁时，快速卧倒隐蔽。

**动作要点：** 卧倒时，左腿外侧、左手、左手臂依次着地。

**易犯错误：** 左脚迈步不大，左手落地点不够远，整个动作不协调。

**纠正方法：** 先体会卧倒后的姿势，然后分解练习，最后完整练习。

（二）起立

**动作要领：** 卧倒后，两臂收回，转体向右，左小臂稍向里合，屈左腿于右腿下，以左手、左膝、右脚的支撑力将身体支起，成右弓步站立，然后出左脚向前一步、右脚靠拢左脚，成立正姿势。

**动作要点：** 重心后移、左手推、右脚蹬、左脚配合支撑，同时发力。

**易犯错误：** 重心后移不够，手推与脚蹬不协调。

**纠正方法：** 多做分解练习，体会动作要点。

九、匍匐移动

（一）低姿匍匐移动

**动作要领：** 移动时，全身伏地，腹部贴于地面，屈回右腿伸出左手，用右脚内侧的蹬地力量和左手和小臂的扒地力量使身体前移，同时，屈回左腿，伸出右手（如果右手持枪使掌心朝上），用左脚内侧的蹬地力量和右小臂的扒地力量使身体继续前移，依次交替前进。

**动作要点：** 身体的正面要贴紧地面，头也要尽力压低。

**易犯错误：** 臀部两边摆，关节离开地面过高。

**纠正方法：** 一臂前伸，一腿屈膝回收，一步一步地分解体会。

(二) 侧身匍匐移动

**动作要领**：身体的左侧和左小臂着地，左大臂向前倾支撑上体，左腿弯曲，外侧着地，右腿回收，右脚靠近臀臀部着地，右手自然置于体侧（如果右手握枪，枪口向前）。移动时用左臂的扒地力量和右脚跟的蹬地力量使身体向前移动。

**动作要点**：蹬、扒动作要协调。

**易犯错误**：蹬、扒动作不协调。

**纠正方法**：一步一动慢体会蹬、扒的发力要领。

## 第四节 上肢技能

一、戒备姿势

(一) 基本戒备姿势

**动作要领**：两脚开立，左脚在前，右脚在后，两膝略弯屈，两脚距离与肩同宽。身体约45度侧向站立，重心落于两腿之间或稍偏于后腿；两手自然放于体侧，下颚微收，目视前方（图4-4-1，图4-4-2）。

**动作要点**：身体自然放松，两腿保持一定弯曲度以便随时启动做出防守或进攻的动作。

(二) 搭手戒备姿势

**动作要领**：警察侧身戒备姿势站立，左手在腹前轻轻扣搭在右手腕部，目视前方，神态自然，保持一定的戒备状态。

**动作要点**：身体自然放松，思想保持高度警戒。

(三) 扶腰带戒备姿势

**动作要领**：警察侧身戒备姿势站立，两手放置于警械带上，目视前方，神态自然，保持戒备状态。

图 4 – 4 – 1　　　　　　图 4 – 4 – 2

**动作要点**：身体自然放松，思想保持高度警戒，随时准备将双手抬起变为进攻或防守姿势。

（四）胸前戒备姿势

**动作要领**：警察侧身戒备姿势站立，两手前伸，掌心向下，目视前方，神态自然，保持戒备的状态。

**动作要点**：当对方情绪激动时，双手向下反复做下按动作，配合语言稳定对方情绪。

（五）高度戒备姿势

**动作要领**：立正站立，右脚向右后方撤出一大步，两脚开立，右膝微屈，侧身站立，两脚距离与肩同宽；左脚微内扣，右脚跟外展约35°度，脚跟抬起，重心落于两腿之间或稍偏于后腿；两手握拳，左前右后，拳眼均朝后上方；左臂弯曲，肘关节夹角在90°~110°，左拳与鼻同高；右手臂弯曲，肘关节夹角小于90°，大小臂紧贴右侧肋部；收腹含胸，下颌微收，闭嘴合齿，目视对手（图 4 – 4 – 3，图 4 – 4 – 4）。

**动作要点**：身体自然放松，含胸拔背，沉肩垂肘，两腿微屈，以便随时启动做出防守或进攻的动作。

图 4-4-3　　　　　　　图 4-4-4

## 二、拳法

### （一）直拳

**动作要领**：以右拳为例，高度戒备姿势站立，右直拳以右脚前脚掌为轴，微蹬地并向内扣的同时转腰送肩，右拳直线向前出击，力达拳面；左拳内收，置于下颌处，直拳击打完毕后迅速还原。此技术是直线攻击的拳法，它可击的部位主要是对方的头、面部、腹部、胸部和肋部（图 4-4-5，图 4-4-6）。

**动作要点**：出拳不能向后引臂；发力从蹬地、扣膝、转腰、出拳，要直达拳面，送肩要协调，发力要迅猛，快击快收。

**动作用途**：直拳是上肢进攻技术中最主要动作之一，它可以结合身体高、低姿势或左右躲闪击打对方头部或腹部。

图 4-4-5　　　　　　　　图 4-4-6

(二) 摆拳

**动作要领**：以右拳为例，上体微向左拧转；同时右拳向左斜前弧线横摆，摆出后右臂弯曲，接近目标时手腕内旋，使拳面击向目标，击中瞬间拳头骤然握紧，左拳自然收护于下颌前。击打后，迅速恢复成高度戒备姿势。

**动作要点**：重心下沉、脚蹬地、上体拧转是为加大打击力量，动作要流畅，摆拳时不能向后引臂；肘尖与肩平齐不可抬肘，击打时要借助身体向右拧转的力量。

**动作用途**：适用于近距离攻击对方下颚或胸腹部。

(三) 勾拳

**动作要领**：高度戒备姿势站立，前腿微屈，扣膝合胯，上体稍向左下转动，右手臂收至右肋处，大、小臂夹角约 90°，拳心向内、微内扣，重心移至左脚；上动不停，两脚蹬地，左髋向右上顶出,左拳以肩关节为轴,随顶髋动作向前上方猛力击出,击打完毕后迅速还原。此技术是弧线攻击的拳法,它攻击的部位主要是对方的下颌、腹部、胸部和肋部(图4-4-7,图4-4-8)。

**动作要点**:借助蹬地,转体,发力要协调、短促,预兆要小;击打后迅速还原。

**动作用途**:近距离击打对方胸腹部。

图4-4-7 　　　　　　　　图4-4-8

(四)劈掌

**动作要领**:高度戒备姿势站立,右手迅速变掌,拇指内扣,其他四指并拢。手臂上抬,掌沿向前,迅速由右上至左下劈出,击打目标后,迅速还原。此技术是弧线攻击的掌法,它攻击的部位主要是对方的颈部和四肢等部位(图4-4-9至图4-4-11)。

**动作要点**:劈掌时速度要快,接触目标时小臂及手掌要绷紧。

图 4 - 4 - 9　　　　　　　图 4 - 4 - 10

图 4 - 4 - 11

### 三、肘法

肘部攻击方法，作为上肢近距离与对方格斗的方法，有着非常实用的功效。肘法爆发力强、着力点集中、出击隐蔽、肘骨又相当坚硬。在击打过程中，警察应掌握好武力使用程度，避免造成执法过当的行为。

（一）横击肘

**动作要领**：以右臂为例，高度戒备姿势站立，以右脚脚掌为轴向内蹬转，扣膝，以腰部带动身体向左转动，重心略向前移至左脚，同时右肘上抬略高于肩，大小臂叠起，随转身横向击出。此技术是弧线攻击对方的肘法，它攻击的部位主要是对方的头部、腹部、胸部和肋部（图4-4-12，图4-4-13）。

**动作要点**：击打时，要充分运用蹬地、转腰、送肩将肘横向击出。

**用途**：适用于近距离或"肉搏战"。可重击对手的头部、肋部或腹部。

图4-4-12 　　　　　　　图4-4-13

（二）后顶肘

**动作要领**：以右后顶肘为例，肩关节前屈，右臂屈肘夹紧；随即向右后转头、拧腰，肩关节向后猛伸，以肘尖后部为力点贴肋向后撞击。动作完成后，迅速恢复成实战姿势（图4-4-14，图4-4-15）。

**动作要点**：后顶肘时，转头、展肩、拧腰、贴肋后撞等动作要同时完成，缺一不可。

**用途**：当被对手从后面搂抱时，后撞对手的面部或胸、腹部。

图 4-4-14 　　　　　　　图 4-4-15

（三）砸肘

**动作要领**：以右砸肘为例，右臂屈肘夹紧，随即以肘尖为力点由上垂直向下砸肘，同时上体微向左拧转，右腰部侧屈，重心下沉以助力，左手不动。动作完成后，迅速恢复高度戒备姿势。

**动作要点**：下砸肘时手臂用力，腰侧屈，重心下沉要协调一致，聚力于肘尖。

**动作用途**：当对手俯身被抱腰、腿部时，下砸攻击其肩、背部。

四、上肢防守动作

高质量的防守是下次进攻的良好开端，反击动作质量的高低，取决于防守是否到位，因此上肢防守动作极为重要。

（一）拍挡

**动作要领**：以右臂为例，高度戒备姿势站立，用右手臂、掌曲臂将小臂直线向外推出。由内向外做横向拍挡（图 4 – 4 – 16，图 4 – 4 – 17）。

图 4 – 4 – 16

图 4 – 4 – 17

**动作要点：**防守时判断要准确；拍挡时小臂尽量垂直，动作幅度要小，速度要快。

**动作用途**：对方攻击头部时采用的防守动作。

（二）躲闪

**动作要领**：高度戒备姿势站立，双腿屈膝，收腹含胸，重心下降，两手紧护胸及头部，身体垂直向下，以闪躲对方的攻击（图4-4-18至图4-4-20）。

图4-4-18

图4-4-19

图 4-4-20

**动作要点**：下蹲幅度不宜太大，动作要突然、迅速；下蹲闪躲要协调并注意对头部和躯干的保护，目视对方。

**动作用途**：对方攻击自己头部时采用的防守动作。

（三）搂抓

**动作要领**：格斗姿势站立，当对方用左手摆拳攻击我方时，我方用右手肘关节上提，拳变八字掌，掌心向外，由下至上再向外，搂抓对方的前臂左手回收，含胸收腹（图 4-4-21，图 4-4-22）。

**动作要点**：出手要快，抓小臂要准确。

（四）掩肘

**动作要领**：格斗姿势站立，当对方用勾拳攻击我方时，我方左（右）臂弯曲，前臂稍外旋，身体微向右（左）转的同时向内、向腹下滚掩，予以防守（图 4-4-23，图 4-4-24）。

**动作要点**：含胸收腹，两手紧护胸腹，以腰带臂，略作转动；掩肘时肌肉要紧张，闭气。

人民警察
临战防卫与控制技术

图 4-4-21

图 4-4-22

88

第四章
格斗技能

图 4 – 4 – 23

图 4 – 4 – 24

89

### 五、拳肘组合技术

（一）右直拳—左勾拳—右横击肘

身体稍向左转、右拳向前虚晃击打，当对手蹲身下躲闪避时迅速向前滑步同时以左勾拳击对手下颚部，随即用右横击肘攻击对方颈部。

**动作要求**：右直拳虚晃要以假乱真，左勾右击要迅速有力。

（二）左摆拳—右直拳—左横击肘

先以左摆拳虚晃击打对手头部右侧，当对手用右臂格挡防守时，迅速向前滑步并以右直拳攻击对手头部；随即身体右转并以左摆拳横击对手头部右侧。

**动作要求**：左摆拳虚晃瞬间右直拳迅速出击，左摆拳击头发力要快、准。

（三）右摆拳—左摆拳—右勾拳

先稍向左转身并以右摆拳虚晃击打对手头部右侧，当对手用左臂格挡防守时，迅速向右转体并以左摆拳攻击对手头部右侧；随即再向左转体以右勾拳攻击对手腹部。

**动作要求**：整个组合动作要一气呵成，左摆拳要迅速，右勾重击。

**【警察实战执法案例】**

2004年5月的一天下午，交警朱某发现一辆出租车违法停在公交站边的横道线上上客，上前示意驾驶员停车接受处理。驾驶员忙说："我靠边停车。"说着放慢了车速。民警朱某随即快步跟上，走到驾驶室门边，手伸进车窗，要求司机出示驾驶证。但是，出租车反而加快了速度。朱某意识到司机要逃，一边警告，一边企图伸手抓司机衣服。但是车子不但没停下来反而加速疾驶，将民警拖出了十几米后，被迫停车。民警忍住伤痛，利用车门控制司机手臂将其脱离驾驶座位，并将其控制。

经医院验伤，民警的左右肘部、右臂和右侧颈部软组织多处挫伤，警服也被拖破。徐某被处行政拘留15天。

**【案例点评】**

民警发现违章车辆，对其处罚，通过这个案例，反映出民警如下问题：

1. 安全意识不强。在接近车辆时，没有对现场形式进行评估，对危险认识不够。

2. 应变能力不够。在车辆加速启动时，贸然地把手伸进车内企图伸手抓司机衣服，司机没有停车将民警拖出十几米，司机看见警察始终没有放弃，担心引起更严重后果，才将车停下来。

3. 司机将车停下后，民警忍住伤痛，强行打开车门，抓住司机手臂利用车门，实施反关节动作才将其制服。

## 第五节 下肢技能

下肢格斗动作在警察实战中有很多，本节根据警察职业特点与实用性的特点出发，选取了简单、便于掌握的腿法进行介绍。所有的腿法攻击的部位都在对方腰部以下，即使没有格斗基础的警察也很容易掌握。

### 一、步法

**动作要领**：高度戒备姿势站立，前脚（左脚）向前滑进半步，后脚跟进半步，上体不动，保持平衡，其他部位都要保持原来的姿势（图4-5-1至图4-5-3）。

**动作要点**：身体自然放松，平稳移动；向前移动，先动前脚，向后移动，先动后脚，向左移动，先动左脚，向右移动，先动右脚，向左移动；移动中保持姿势的不变，整体移动。

图 4 – 5 – 1 　　　　　　　　图 4 – 5 – 2

图 4 – 5 – 3

二、腿法

(一) 横踢腿

**动作要领**：以右腿为例，高度戒备姿势站立，左脚尖外摆，左膝略屈，上体微左转，重心前移至左腿；右腿屈膝上提，大小腿折叠，以蹬地、转腰和大小腿快速摆动的力量，将右脚向左斜上横向踢出，脚步背绷紧，力达脚背及小腿胫骨下端；两拳置于胸前，踢击后迅速还原（图 4-5-4，图 4-5-5）。

**动作要点**：发力时，动作要突然、简练，充分利用转体的力量，但不要重心上浮，支撑脚不离地。

**动作用途**：此技术是弧线攻击对方的腿法，它攻击的部位主要是对方的大腿部位及胸肋部位。

图 4-5-4 　　　　　　　　图 4-5-5

（二）前踢腿

**动作要领**：高度戒备姿势站立，右脚蹬地，重心移至左脚，左腿屈膝支撑，右腿提膝，脚尖勾起，送髋、大腿下压，小腿前伸，将脚向前踢出，踢出后迅速还原。此技术是直线攻击对方的腿法，它攻击的部位主要是对方的腿部及腹部（图 4-5-6，图 4-5-7）。

**动作要点**：起腿要快而突然，用腰发力，踢击时上体含胸微后仰。

**动作用途**：此技术是直线攻击对方的腿法，它攻击的部位主要是对方的小腿部位。

图 4－5－6 　　　　　　　　图 4－5－7

（三）侧踹腿

**动作要领**：以左侧踹腿为例，右腿微屈支撑重心，脚尖外展；左腿屈膝抬起，脚掌内扣；左腿由屈到伸以全脚掌为力点向前方踹出。踹腿后，迅速恢复成高度戒备姿势。

**动作要点**：上体、大腿、小腿、脚掌与进攻目标要成一条直线，踹出时要以大腿催动小腿直线向前发力。

**动作用途**：主要用于攻击对手的胸、肋、腰、腿等部位。

三、膝法

膝部攻击方法，作为下肢近距离与对方格斗的方法，非常实用的功效。在格斗过程中，警察应掌握好武力使用程度，击打非要害部位，避免造成执法过当的行为。

## 第四章
格斗技能

（一）前顶膝

**动作要领**：以右顶膝为例，高度戒备姿势站立，重心前移，左腿支撑站立；右膝屈膝上提，含胸收腹，以膝关节的前上部为力点向前上方顶击，双手抓住对方的肩部或颈部，用收腹下拉之合力，迅速提膝，向对方撞击（图4-5-8至图4-5-10）。

**动作要点**：下拉提膝动作要协调，起膝要快。

**动作用途**：此技术是弧线攻击对方的膝法，它攻击的部位主要是对方的头部、腹部、胸部、肋部及大腿等部位。

图4-5-8　　　图4-5-9　　　图4-5-10

（二）前撞膝

**动作要领**：以右撞膝威力，重心前移，左腿支撑站立，脚尖外展；右腿屈膝高抬，含胸收腹团身聚集力量。动作不停，身体微向左拧转，挺胸、展腹、送胯，右膝以膝关节正面为力点向前直线撞击。

**动作要点**：靠团身后爆发拧转带动膝关节向前撞击。

**动作用途**：主要用于攻击对手胸、腹部。

95

### (三) 横撞膝

**动作要领**：以右横撞膝为例，左脚向左斜前上一步，重心前移，左腿微屈支撑，上体微向左倾斜；右腿屈膝、展髋侧抬起，身体向右拧转两手向后拉拽，右腿以膝关节上部为力点由右向左前划弧横向击出。动作完成后，迅速还原。

**动作要点**：大、小腿夹紧并尽量平抬，将膝关节突出。撞击时，拧腰、双手后拽协同发力。

**动作用途**：对手正对，侧闪后横撞对手胸腹部或肋部。

### 【治安查禁中暴力袭警案例】

**案例1**：某日晚，某派出所根据辖区内某路段招嫖现象突出的治安情况，准备清查整治。和往常一样，派出所领导安排了治安队的13名民警参与清查行动，事先没作周密的布置，仅规定由两名民警作搭档进行盯梢缉拿工作。行动开始不久，民警小范与小张就盯上了一个招嫖女，在招嫖女搭识嫖客进入路边棚户区后，小范、小张急忙紧跟其后。小范在前，小张在后。这时，小张的鞋带松了随即蹲下系鞋带，等他站起身来，前面的小范已不见了身影。由于天黑没有路灯，棚户区内的弄堂窄小、曲折，小张找了一会儿没找到小范，就独自退了出来。当时，小张也没向领导汇报这一情况，直到过了一个多小时不见小范回来才意识到可能会出事，于是就向领导汇报。在领导重新组织警力搜索到该棚户区时，发现小范已躺在一幢二层棚户楼前的地上，头部流满了鲜血。

事后等小范醒来了解到，当时范张两人一起跟踪到棚户区，由于过于投入，小张什么时候落下的，小范一点不知道。在模模糊糊看到这对男女走进一幢二层棚户楼后，小范犹豫了一下，最后决定还是进去看看再说。于是，小范从楼下搜索到楼上，在一间小屋内发现了卖淫女和嫖客。就在小范亮明警察身份,准备带他们离开时,从另一间小屋里冲出四名壮年外地男子,抓住小范就打。据小范回想,四名男子手中都戴着练武用的"铁指环",用环猛砸他的头,打了一会儿,四个人就将小范抬起,从二楼窗口扔了下去。事后,经医院诊断,仅小范的头部就有三十余处挫伤。

**案例2**:某日晚11时,某派出所根据110报警指令,派民警小彭带领社保队员前往开鲁三村某号某室取缔赌博。民警到场后,发现屋内有自动麻将桌且有刚打过麻将的迹象,但屋内5人均不承认曾打过麻将。民警小彭便欲将屋内人员带回所里审查,5人均不配合,在拖拉中,其中一姓孙的妇女抓住小彭的衣领不放,咬伤小彭的手臂,拉下警号,还大喊"民警打人",并唆使其他人打报警电话。当所里民警老袁前来增援时,屋内另一名姓曹的妇女也大打出手,用脚将老袁踢伤。经医院诊断:民警小彭的手臂有咬破伤;民警老袁会阴部软组织挫伤,小便渗血。事后,孙、曹2人刑事拘留,其他参与赌博人员被治安处理。

【案例点评】

在以上两起案例中,都反映出警察的自我防卫意识较差。

案例1中两名警察缺乏配合意识,独自一人去进行查禁工作,结果遭到歹徒的袭击。如果警察格斗技能较强,选择正确的处置策略,警察就不会受到严重的身体伤害。

案例2中民警处置的是一般性治安事件,在处置过程中,执法对象不配合警察执法并对警察进行撕咬。当警察的执法对象是群众时,应注意执法形式,多用控制语言并告知袭警的严重后果,配合自我防护动作来使用,会产生较好的执法效果。

## 第六节　组合技能

### 一、左直拳—左侧踹—右顶膝

左直拳虚击对方面部，当对手防守面部时，迅速起左侧踹击对方小腿；随即左腿回落，身体左转，同时抬右腿顶膝撞击对方大腿侧面部位。

**动作要求**：假动作完成要逼真，踹、顶动作要连贯，迅速有力。

### 二、右直拳—右撞膝—右横肘

先以右拳向前做假动作虚击对方头部，当对手防守头部时迅速抬右膝向前撞击对手左肋部；随即右脚前落，右肘同时向前横击对方大臂外侧使其失去抵抗力。

**动作要求**：整个组合动作一气呵成，撞膝要迅速，肘击要准确。

### 三、左前踢—左直拳—右直拳

先以左前脚虚踢对手膝部，当对手防守下部时，迅速前落左腿并以左直拳攻击对方头部；随即右直拳追击。

**动作要求**：左前踢假动作要真实，完成后重心迅速前落，左右直拳一气呵成。

### 四、左直拳—右直拳—右横踢

先以左右直拳连击对方头部；乘对方防守时，迅速向左转身并以右横踢攻击对手膝侧部。

**动作要求**：直拳动作要完成，攻击动作要迅速。

### 五、盘肘侧撞膝

当对方用右直拳攻击自己头部时，迅速向左侧闪身进步，躲闪其拳。同时在对方将右臂收回的瞬间连用左肘横击对方右侧面部并用右膝从侧面撞击对方腹部。

# 第五章　摔控技能

## 第一节　摔法技能

　　警察在抓捕工作中，摔法是经常使用的动作。摔法动作完成前，可以隐蔽、迅速、毫无征兆地接近犯罪嫌疑人，并使犯罪嫌疑人迅速失去抵抗力，故摔法作为警察常用控制动作应重点掌握。

　　警察实用格斗控制术中，摔法不仅仅是为了使对方失衡倒地，更要制服擒捕对方。因此，摔法往往与踢打特别是擒拿技术结合使用，以期达到最佳的技击效果。"摔"是格斗技术中具有独特风格的攻防技术，摔法是一种将力量、速度和技巧等融合在一起的复合技术，"远踢近打贴身摔"的技击理念就突出说明了在格斗贴身的近距离对抗中摔法的重要性，远距离摔有"接腿摔"，近距离摔有"靠摔"等，由此可见摔法在格斗实战中的重要地位。

　　在这里介绍摔法的技术时，注重对踢打动作的防守反击与擒固技术的有机结合，供习者举一反三。摔法是以摔倒对方，自己不被摔倒为特征的技术。学习摔法时，首先要学习倒地法，即自己倒地时免受伤害的自我保护方法。只有掌握倒地方法才可避免摔痛和受伤并能锻炼身体经受震动的能力和发展灵敏、协调等身体素质。

运用的摔法技术主要有以下几个特点：

1. 借势

是指在运用摔法技术时，趁对方重心不稳，身体失去平衡或有失去平衡的趋势时用稍小的力量就将对方摔倒。通常对方的动作在发力落空的瞬间，身体会处于失衡的状态，与此同时，如果能顺着对方失衡的同侧方向用稍小的力，就可摔倒对方；在对方发力时，顺其发力方向用力，如果摔不倒对方也会在很大程度上破坏对方的平衡性。总之，借势的关键是抓住对方失衡的瞬间和掌握对方的发力方向。

2. 别根

是指通过运用自身某部分肢体绞绊对方起支撑作用的肢体的根部，以此达到摔倒对方的方法。此技术充分运用了物理中的"杠杆作用原理"。所以在"抱腿别腿摔""接腿别腿摔"等技法中，运用别根而变的省力、灵巧。

3. 掀底

是指在使用"接腿摔"一类摔法时，用掀、涮、挑、拉等手段破坏对方下肢平衡而摔倒对方的方法。在对付下肢柔韧性较差的对方时，通过使用此技术可使其失去平衡而又无法及时调节，从而达到摔倒对方的目的。

4. 靠身

是指在掌握住对方重心时，身体向前挤靠对方将其摔倒的技法。例如在"抱腿摔"中，搂抱对方腿部后发力的同时贴身向用力方向相反的方向挤靠对方，达到省力的效果。

仅掌握住技术动作还是远远不够的，因为技术运用的优劣直接影响到动作完成的质量。因而要掌握好动作的规格、要领、攻击时机、发力大小等，在运用以上技术时还要注意以下几点。

（1）速度快。如果动作幅度过大或预兆过于明显，其动作的运行时间也就随之增加，对方则有可能摆脱控制，从而逃脱或反摔等。因此动作时启动要快、幅度要小，也就是"快摔"。

（2）力量大。实战中，光靠速度快是不够的，还要有力量。因而还要针对此项目特点安排专门的力量训练。

（3）预兆小。例如在"接腿摔"中，接住腿后，下一步如何去摔，一定要果断地做出反应，避免被对手看出下一步动作而有所防备。

（4）方法巧。在摔法中运用了巧劲，不仅节省了大量的体力，还提高了得分的概率。运用巧劲，需要与攻击时机、对重心的掌握和动作的打击力度等方面有效结合起来才能达到预期效果。

**一、拧腕别摔**

**动作过程：** 当我方正面接近对方的右前侧时，我方迅速上左步落于对方的右腿外侧，右脚迅速跟进至其右腿侧，同时双手同时抓住其右小臂，迅速向对方肩部抬起。身体所有力量集中于对方手腕，利用小臂外翻的力量将其摔倒。随后左右手控制其右手，折腕拧臂，用右腿贴靠其右臂，并下压其右肩部，将对方拧转成俯卧状，我方迅速跪压其肩颈部，实施控制。

**动作要点：** 上步要突然，抓腕要准确，倒地控制要及时。

**易犯错误：** 抓腕部位不准确。

**纠正方法：** 接近时反复体验抓腕部位。

## 【抓捕实战案例】[1]

2007年1月5日傍晚，河北省某市刘云（化名）女士开着轿车去市区学校接孩子回家，她接上孩子刚刚上车，4名男子便持刀闯入车内，将刘云和她的孩子劫持而去。当晚20时左右，刘云的丈夫接到歹徒的电话，方得知妻子和孩子被劫持的消息，猖狂的歹徒索要50万元现金，不给钱就要害人。公安分局接到报警后，李局长、郭副局长迅速带民警赶赴现场全力开展破案工作。仔细调查人质的去向、安全状况、当前位置和歹徒的体貌特征后，警方认为，这起案件与去年一起绑架案很相似，两起案件要并案侦查。随后办案民警侦查得知，歹徒将刘云母子劫持后已经逃往元氏县，便迅速开展堵截，在通往元氏的路口细致排查，先后查300余辆车、500余人。

办案民警进一步侦查得知，刘云母子已被劫持到元氏县城一个民宅里。作案歹徒非常狡猾，他们担心取钱时被警方抓获，先安排一个人取钱，等此人安全取回50万元后再释放人质。为确保人质的安全，办案民警决定，先给歹徒50万元现金以确保人质平安归来，因为歹徒拿走的钱可以在破案后追回，而人质如果被害，那是用多少钱也无法弥补的。1月6日中午13时，在民警的安排下，刘云的丈夫将50万元现金交给来取钱的歹徒。而此时，办案民警就埋伏在交钱现场附近，考虑人质仍然在对方手里，埋伏的民警让歹徒先将钱取走，并立刻布控跟踪，了解到歹徒的大体位置。拿到钱的歹徒将刘云母子释放，6日晚22时左右，母子二人安全归来。

随后，办案民警在元氏县全面撒下抓捕大网。经过缜密侦查，

---

[1] http://new.ifeng.com/society/z/200701/0109-344.shtml.

6日晚23时左右办案民警发现犯罪嫌疑人在元井公路一个收费站附近的网吧里。民警制定了抓捕方案，数名民警在网吧内靠近犯罪嫌疑人的座位上网，由预伏的民警发出信号，一名民警化装成上网的社会青年，接近犯罪嫌疑人，突然利用坐姿拧腕的方法将犯罪嫌疑人控制住，其余民警迅速接近，控制现场，将张某（41岁，元氏人）抓获。经当场讯问，调查出其他歹徒的行踪，连夜实施抓捕，而到此时，警方破案仅用了29个小时。

【案例点评】

1. 本案例中民警本着人质安全第一的原则，合理利用侦查手段救出人质。

2. 抓捕前期准备充分，制定了完善的抓捕方案。

3. 预伏民警化装接近，路线选择合理，抓捕动作选择合理，利用犯罪嫌疑人全神贯注上网的机会，突然实施抓捕动作控制犯罪嫌疑人手腕为成功抓捕犯罪嫌疑人起了关键的作用。

二、切颈别摔

动作过程：当我方正面接近对方的右前侧时，我方迅速上左步落于对方的右腿外侧，右脚迅速跟进至其右腿右后侧，同时左手抓住其右手腕，用右臂切击对方的颈部，利用切击和别腿之合力将对方摔倒。随后左右手控制其右手，折腕拧臂，用右腿贴靠其右臂，并下压其右肩部，将对方拧转成俯卧状，我方迅速跪压其肩颈部，实施控制。此技术主要用于由前控制对方（图5-1-1至图5-1-5）。

动作要点：上步进身要突然，抓腕要准确，切、别、拧转、控的动作要连贯迅猛，不给对方留出反击的机会。

易犯错误：倒地后控制不住对方。

纠正方法：强调快速跟进，控制其肩关节部位动作要一气呵

成，针对薄弱环节可反复操练，也可分解练习。

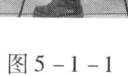

图 5 - 1 - 1

图 5 - 1 - 2

图 5 - 1 - 3

图 5 - 1 - 4

图 5 - 1 - 5

# 第五章

摔控技能

【抓捕实战案例】❶

## 福建重刑犯杀害狱警劫车越狱，民警围追堵截将其抓获

2006年5月21日上午11时50分许，福建龙岩闽西监狱大门口，一辆浅绿色雪佛莱轿车没有理会门卫"停车接受检查"的要求，司机反而加大油门，驾车冲出监狱大门，绝尘而去。"有问题！"门卫急忙向监狱报告。此时，监狱民警也在接见室发现了民警林某的尸体，而林某在监狱里停放的私家车、车钥匙都不见了。其私家车正是冲关逃离监狱的那辆浅绿色雪佛莱，车号闽AW6708。谁杀害了林某，驾车冲关逃走？监狱马上查明，上午10时许，一名叫刘丹丹的女子，前来探望其前男友、正在该监狱三中队服刑的罪犯李炳。办理了会见手续后，正是该中队民警林某将李炳和该中队另外一名罪犯张卓带进了会见室。林某被害后，罪犯李炳和张卓还有会见李炳的刘丹丹均不知去向。无疑，杀害林某并且劫车冲出监狱大门的就是他们。闽西监狱以最快的速度，组织力量进行追捕，并且将3名凶犯的相关资料以及被劫车辆资料及时通报了监狱管理局以及当地警方。

当地警方指挥高速公路交警，在省内所有高速公路上层层设卡堵截。在福建境内迅速构织了一张天罗地网。16时整，民警发现逃犯李炳和张卓，逃犯发现高速路上的所有出口都有荷枪实弹的警察或者武警把守，穷途末路的逃犯只好驾车沿着高速路逃窜。在追击过程中，逃犯对示警枪声置若罔闻，反而加大油门，以超过150公里的时速逃窜。武警的追击车辆咬住雪佛莱，被追急了的逃犯，慌乱中驾车在同三高速闽段48公里处的赤岭隧道附近（霞浦以东7公里），撞上了一辆大货车。武警官兵追至此处时，

---

❶ http://www.doc88.com/p-872813089942.html.

发现被撞坏的雪佛莱轿车内只有因为车祸受伤的李炳和刘丹丹。撞车后的逃犯张卓慌不择路,从 A 道逃窜到 B 道后,被民警围在中央,但他仍然妄图冲出包围圈,其左冲一下,右冲一下,却发现始终冲不出包围圈。霞浦县公安局民警王某冲上前去,利用切颈别摔动作干净利索地把张卓摆倒在地,在其他民警的协助下,给张卓戴上了手铐,至此逃犯被全部抓获归案。

**【案例点评】**

1. 发现犯人越狱逃跑后,警方快速反应,组成天罗地网,对犯人形成围控之势。

2. 警方搜索工作细致,没有放松警惕,将犯人围在包围圈中。

3. 抓捕动作熟练,利用强大的人员优势,围住犯人后,利用切颈别摔的抓捕动作将其抓获。

### 三、由后抱腿摔

**动作要领:** 由后接近对方时,右脚向前一大步至于其右大腿外侧成右弓步;用双手搂抱对方膝关节并向后拉带,同时用肩前撞其臀或腰部将其摔倒。倒地后两手顺势下滑至踝关节处;随即迅速分腿跪骑在其腰背上;左腿伸直,右腿跪地。双手分别抓住其两臂向上、向前撅推,髋腹前顶,抵住其两臂将其控制,此技术主要用于由后控制对方(图 5-1-6 至图 5-1-8)。

**动作要点:** 接近对方要达求隐蔽和突然,抱膝、顶摔同时发力,快速骑压别臂、动作连贯。

**易犯错误:** 抱腿、肩顶动作不协调,分腿坐压动作缓慢,摔倒后控制不住对方。

**纠正方法:** 强调动作的连贯性,抱腿、肩顶、分腿骑压动作可反复操练。要求衔接紧凑,整体动作协调完整,控制部位准确而有力。

第五章
摔控技能

图 5-1-6

图 5-1-7

图 5-1-8

107

## 四、抱双腿摔

**动作要领**：隐蔽接近对方，迅速下蹲近身抱住对方双腿，两手迅速回拉，同时左肩向前拱顶对手腹部或大腿根部，将对手摔倒。

**动作要点**：以左肩为力点，双手抱紧对手双腿。前顶要充分利用身体前冲力。

**易犯错误**：抱腿、肩顶动作不协调。

**纠正方法**：反复练习抱腿时接触动作。

## 五、锁喉摔控制

**动作要领**：当我方由后自然贴近对方时，上右脚于对方双脚后侧（如对方身体较高，则起右脚由后踹其双膝，迫使其重心下降），身体稍向左转，右手变掌，快速从颈前穿过并后拉同时左手握住左手腕协助用力后拉，迫使其向后失去重心；同时起右腿猛拌打其左腿，以勒颈、打腿、向左转体的力量将对方摔倒地，呈俯卧状，随即用右肩俯压其背部，快速分腿坐压在对方腰背上；同时双手分别抓住其两臂向前撅推，髋腹前顶，抵住其两臂，将其控制。此技术主要用于由后控制对方（图 5 - 1 - 9 至图 5 - 1 - 13）。

**动作要点**：锁喉、后拉动作连贯，勒颈、打腿、转体动作要一气呵成，摔倒后分腿坐压动作要快，控制其双臂要牢固。

**易犯错误**：勒颈、转体不协调，打腿不及时，分腿坐压动作缓慢。

**纠正方法**：强调动作的连贯性，分腿坐压动作可反复操练。要求衔接紧凑，整体动作协调完整，控制部位准确有力。

**适用范围**：以上这些抓捕动作多适用于引诱抓捕，就是采用示形用诈的方法将抓捕对象引诱到布置好的地点并将其抓获的战

第五章 摔控技能

术。为了避免在繁华场所行动而引起人群的骚动，尤其是在抓捕重大犯罪嫌疑人或可能持有武器、凶器以及爆炸物品的歹徒时，一旦发生火力交战或者爆炸事件，则极易伤及过往群众，因此，采用引诱战术显得更加重要。引诱抓捕关键突出一个"诱"字，应根据犯罪嫌疑人的性格特征、需要特征以及现场的实际情况，采用相应的引诱方法。

图 5-1-9

图 5-1-10

图 5-1-11

图 5 – 1 – 12

图 5 – 1 – 13

实施引诱抓捕时，担负引诱任务的抓捕人一定要装扮得逼真，如果被抓捕的对象看出破绽就难以诱其上钩。为了稳妥起见，除抓捕组在预定地点设伏外，控制组、接应组的位置应在不引起怀疑的前提下尽可能靠近抓捕对象。当将其引诱到预定地点后，应适当缩小包围的范围，控制组应迅速封锁该地点的各个通路，并尽量将其与群众隔离，抓捕组实施抓捕。控制后迅速带离现场，控制组和接应组的人员应紧随保护。

**【警察抓捕实战案例】**

某日晚8时许，某分局派出所民警朱某接到分局刑侦支队电话，要求协助抓捕在本区开发廊的涉嫌诈骗的犯罪嫌疑人王立良。晚10时30分，刑侦支队五位民警与报案人郑某、肖某赶到派出所，民警朱某向派出所领导请示后，带一名联防队员配合抓捕。经商议，7人分成四组包抄报案人举报的位于该镇某街75号的发廊。准备在报案人交钱给嫌疑人时进行抓捕。民警朱某和联防队员携带手铐与报案人郑某、肖某乘面包车赶往交接地点，当车开到西街路口时，报案人发现原先记错了街名，他认出那家发廊就在前面。民警朱某在未通知其他行动组成员情况下立即决定将面包车直接开过去。当车开到西街75号发廊对面马路旁时，发现门口已经等候着三个人，报案人郑某、肖某带着钱下车上前与犯罪嫌疑人交接，此时民警朱某发觉发廊门口周围有八九个可疑人员。当看见报案人将钱交给犯罪嫌疑人，民警朱某与联防队员就下车向发廊靠近。这时从发廊斜对面走来一个男青年，民警朱某喝令其站住，那人突然跑进发廊旁边的弄堂，民警朱某与联防队员紧追上前。民警朱某追至那人身后时，对象突然转身，用刀砍向朱某，朱某迅速躲避，联防队员从后面死死抱住对方身体，民警及时上前将犯罪嫌疑人扑倒在地，将其制服。

**【案例点评】**

1. 民警在执行抓捕任务的时候，没有充分做好前期准备，对抓捕过程中有可能出现的突发情况估计不足。报案人记错街道名字后，民警没有及时等待另外抓捕组，协同行动而是继续执行抓捕方案将本组置于危险之中。

2. 当到达抓捕现场后，民警发现周围有可疑人员时没有引起足够重视，民警与联防队员两人向发廊靠近。

3. 在追击犯罪嫌疑人过程中，民警与持刀犯罪嫌疑人搏斗，形势非常危急，幸亏联防队员英勇，从后面抱住犯罪嫌疑人才将刀夺下将其抓获。在这个案例中民警抓获犯罪嫌疑人，有很大的运气成分存在。抓捕工作成功与否，民警之间的协同合作非常重要，在抓捕中警察要尽量避免单独面对持刀、持枪的犯罪嫌疑人。

## 第二节　控制技能

控制技能是警察将犯罪嫌疑人用摔、拿等方法控制后，利用犯罪嫌疑人的反关节将其倒地控制的具体方法。掌握合理、有效的倒地控制动作为迅速上铐打下良好的基础。

**一、跪压控制**

**动作要领：** 当对方呈俯卧状时，我方站在对方的一侧两手控制其腕关节、使其手臂成直臂状，以折腕别肩，控制其手臂，同时两脚跟提起，两腿屈膝下跪顶压对方肩胛骨处和肩关节部位将其控制。此技术主要用于对方倒地后对其肩部与手臂的控制（图5-2-1）。

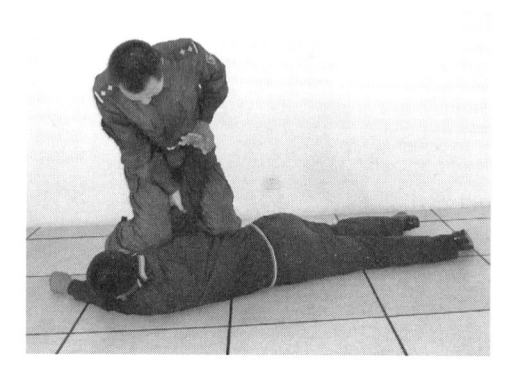

图5-2-1

**动作要点**：膝跪压要牢，我方两腿夹贴其手臂向其头上部撅别。
**易犯错误**：当对方呈俯卧状时，控制其手臂不牢固。
**纠正方法**：慢动作体会动作的连贯性和控制部位的准确性。

## 二、坐压控制

**动作要领**：当对方倒地后呈俯卧状时，我方由后快速分腿坐压在对方腰背上；接着双手分别抓住其两臂后提，置于我方的两腿上方，髋腹前顶，将其两臂夹紧，实施控制。此技术主要用于倒地后对其双臂的控制（图5-2-2，图5-2-3）。

图5-2-2

图5-2-3

**动作要点：** 快速坐压和别臂动作要连贯、协调，控制其双手臂要牢固。

**易犯错误：** 当对方倒地后呈俯卧状时坐压动作缓慢，控制其两手臂不牢固。

**纠正方法：** 慢动作体会分腿坐压、控制双手的连贯动作，反复操练，直至动作衔接紧凑、协调完整、控制有力。

## 第三节 解脱技能

熟练掌握解脱技术，对于警察在实战中从被动到主动控制，具有重要意义。解脱是对方对己的控制部位和实施的方法，利用人体关节活动的力学规律和特点通过技法进行挣脱防护的技击术。擒拿和解脱是相互矛盾、相互转化的整体，擒拿与解脱在运用中，必须明确任何一种技法都不是绝对的"一招制对方"，只有在熟练掌握技术动作的基础上通过双方常年的擒拿、解脱的互动练习，在具备良好的身体素质的情况下才能相对地在对抗中取得主动和制约权，此其一。其二，在运用擒拿和解脱时，必须遵循动作要熟、出手要快、部位要准、下手要狠、反应要灵、变化要多的原则。其三，必须加强力量、速度、反应等身体素质的基础练习，才能更好地掌握和运用擒拿与解脱。

### 一、手臂被抓解脱

**动作要领：**

**解法1：** 当对方右手以上往下抓握我方右小臂时，我方右手臂由下往上用力回拉，同时身体右转以解脱对方的抓握（图5-3-1至图5-3-3）。

# 第五章
摔控技能

图 5-3-1

图 5-3-2

图 5-3-3

**解法2**：当对方右手从下往上抓握我方右小臂时，我方右手臂由上往下、往左回拉，同时身体左转以解脱对方的抓握（图5-3-4至图5-3-6）。

115

# 人民警察
## 临战防卫与控制技术

图 5 – 3 – 4　　　　　　　　　　图 5 – 3 – 5

图 5 – 3 – 6

动作要点：快速、有力，借助转腰的旋转发力。

动作共性：这两个动作解脱的办法都是从对方拇指一侧解脱。

**易犯错误**：用蛮力、抽拉、硬扯等。

**纠正方法**：以其拇指一侧用力、经常练习、熟能生巧。

二、双臂抓握解脱

动作要领：

**解法1**：当对方双手从上往下抓住我方右小臂时，我方左手由上而下抓住自己的右手（抱拳），迅速转体，用左手拉和右肘关节上挑的合力将右手臂予以解脱。

**解法2**：当对方双手从下往上抓住我方右小臂时，我方左手从其两手下方插入，抓住自己的右手（抱拳），迅速转体，用左手和右手的合力下拉，右肘向前上抬，将右手臂予以解脱。

**动作要点**：左手抓握要快、转体拧腰，第一解脱法的上挑合力要一致，第二解脱法的下砸合力要一致。

**易犯错误**：动作缓慢，单纯用一个手臂的力量。

**纠正方法**：体会转腰发力；体会上挑或下砸动作和身体的整体发力配合。

【暴力袭警实战案例】❶

## 处置酒后（精神病）肇事人员

某日，某区居民李某因儿子10岁生日在某饭店请亲朋好友饮酒吃饭。当李某酒足饭饱后正欲离去时与刚进门的章某不慎相撞，章某马上向李某道歉，李某却认为对方故意出他洋相，要他大声道歉，遭章某拒绝。于是，李某借酒势上前殴打章某，章某也出手反击。饭店服务员见状马上拨打"110"报警。派出所民警赵某、吴某前去处置。民警到达现场后，赵某上前喝令："我们是警察，赶快住手！"章某见警察到场，马上停了下来，而李某还要上

---

❶ http://www.phcppsu.com.cn/showid=1961.

前殴打章某，民警赵某直接走到李某面前叫其住手，看到有民警阻拦，李某转向挥拳击打民警赵某脸部，民警吴某见状上前阻止，又被李某推倒在地并遭到其抓、咬。民警欲取出警械时，被李某死死抓住双手，民警被迫使用双臂被抓握解脱的技术动作进行解脱，同时马上报告派出所及时进行增援，将李某带回派出所处理。此案造成两名民警脸部、手部多处挫、咬、抓伤，李某被治安拘留。

【案例点评】

1. 在制止酒后闹事人员时，由于酒精刺激闹事人员处于亢奋状态，民警不可贸然接近酒后闹事人员，应首先在保证充足警力的情况下有策略地利用擒拿动作控制闹事行为人员并迅速带离现场，到派出所接受处理。

2. 本案例中，民警处置酒后闹事人员时，应两人同时控制闹事人员。当民警不能控制局面时，拿出手铐准备铐对方，这个行为刺激了闹事人员，导致被闹事人员抓住双手。民警应充分利用家属在场的情况，发动家属，劝解闹事人员。如劝解无效，告知其行为的后果，然后再控制犯罪嫌疑人。

三、抓胸解脱

**动作要领**：当对方用右手抓住我方胸口的衣服时，我方迅速将右手按住其右手背，同时撤右脚，向右转体，用自己的左小臂迅速向下砸压其右手臂，达到解脱并控制的目的。对方左手抓胸时解脱的动作要领同理（图5-3-7至图5-3-9）。

**动作要点**：转体要猛而快、一定要牵动其重心。

**易犯错误**：转身不够快、猛，发力不准确。

**纠正方法**：加强转腰发力练习。

第五章
摔控技能

图 5-3-7

图 5-3-8

图 5-3-9

**【处置群众纠纷中暴力袭警实战案例】**

某日下午 15:05，某派出所接"110"报警，称某居民住宅发

119

生邻里纠纷，要求派警察前往处置。

值班民警何某、黄某驱车到达现场时，邻居邢某（男，43岁）正在与报警人薛某（女，39岁）家中争吵，并动手将薛的嘴角打出血。现场有不少围观的邻居。

经了解，薛邢两家原本不睦，当日上午，因为薛某晾衣服不慎将水滴在邢妻晾在外面的棉被上，邢妻曾与薛某发生过争执。下午，邢某下班回家后，其妻向他诉说了上午与薛某的争执，邢某一怒之下前往薛某家，争吵中双方动手厮打，引来邻里围观。

两位民警初步了解情况后，马上指出邢某打人行为是违法的，邢某及其妻子立即进行了辩解，同时又历数了薛家平常的种种不是，薛某也马上予以回应，最后发展为相互谩骂。双方情绪愈加激动，围观群众七嘴八舌，场面混乱不堪。两民警见此情景断然决定将双方当事人带离现场处置。他们让薛某到派出所开验伤单，嘱咐邢某到派出所接受处置，但是邢某不肯去派出所，在一旁的邢妻也执意不让民警带走邢并口出秽言谩骂民警，民警立即口头传唤邢某到派出所。

正当民警欲将邢某强行带离现场时，邢某的家属（其妻、兄等人）上前阻拦，邢某则挥拳击打民警黄某，将他的警帽打落，并用头猛撞黄某的眼角，致使黄某的眉骨出血。失去理智的邢某紧紧抓住民警胸前衣服不放，民警黄某被迫使用抓胸解脱控制动作将其摁倒在地，这时支援警力到达并与何某一起制服了邢某。将邢某带回所里被刑事拘留。

**【案例点评】**

1. 民警处理邻里纠纷事件时，要特别注意方式方法，稍不注意将会引火上身，导致双方将不满情绪发泄到民警身上。

2. 本案例中，民警决定将双方带到派出所接受处理的决定是正确的,但是不应该直接告知邢某到派出所接受处理,这种情况会让邢某认为我们两家在打架为什么一方验伤,另一方接受处理,会对民警的处理产生抵触行为。

3. 在撕扯中民警被迫使用解脱动作,挣脱对方纠缠,顺势将一方控制住。通过这个案例我们不难看出,民警应加强处理群众工作的能力,包括语言能力、徒手控制能力等。

**四、抱腰解脱**

**动作要领**:对方由后双手抱住我方腰时,我方迅速两腿向左右撑开,重心下沉,成马步下蹲,屏息憋气,紧腰撅臀,用头部撞击对方面部或用脚猛踩对方脚面让对方无法将自己抱起然后我方顺势两臂外张,解脱身体,达到解脱的目的(图 5-3-10 至图 5-3-12)。

**动作要点**:迅速降低和控制重心,整个动作要快速迅猛,连贯协调,一气呵成。

**易犯错误**:反应迟纯、下蹲不快,动作不协调。

图 5-3-10　　　　　图 5-3-11

图 5 – 3 – 12

**纠正方法**：由慢的分解及完整练习开始，反复体会动作要领，然后逐渐加快练习的速度。

**五、夹颈解脱**

**动作要领**：对方从身后将自己颈部夹锁住并抓住自己一侧手臂。应用另一臂屈肘攻击对方腹、肋部。横击、顶击都可用，要有力。稍闪开一步，用另一臂撩击对手裆部。当对方锁喉时应向其臂的肘窝处转头以缓解痛苦。同时用异侧手抓住其手臂，用力外拉；随即用同拳勾击对方头部将对方从背上摔出（图 5 – 3 – 13 至图 5 – 3 – 15）。

**动作要点**：快速降低重心，左腿后撤，同时右手快速控制对方夹颈的手臂。

**易犯错误**：降低重心不够没有控制夹颈手臂，上下用力不一致。

**纠正方法**：反复体会，经常练习。

图 5－3－13 　　　　　图 5－3－14 　　　　　图 5－3－15

**【警察实战执法案例】**

　　2004年某日，民警王某在路口执勤时发现一辆卡车"闯禁令标志"违章，在检查驾驶员崔某"二证"时发现其驾驶证副证已被宁波交警查扣，指出其违章事实和作扣车扣证处理的决定（崔当时是单独驾车）。虽然崔提出不要扣车的请求，否则将影响其将货物按时送给客户，民警王某不予理会，开出《强制措施凭证》交给"协管员"，请其驾驶摩托车将违章车带至指定停车点。次日上午，违章人崔某带其老板崔永见驾驶另一辆小客车，找到民警王某，要求对前日的违章作当场处理。民警王某对此作反复说明："二证"已交支队审理科，你们必须将违章车停到指定地点，凭"扣车单"去违章受理点接受处理。但"二崔"死缠硬磨，一直盯着民警王某到下午。其间，"二崔"还以啤酒解渴，边喝边站在民警王某身后看其处理违章并为追赶民警王某驾驶的摩托车，竟驾车闯红灯。在此情景下，王某请求增援。增援警力赶到，在用言语规劝无效的情况下将二崔扭送至队部，同时将小客车送至

123

停车场。队干部对他们饮酒滋事、违章不接受处罚的行为进行了教育和明确处理：酒后不得开车，所驾的车已滞留在停车场，可另叫司机来开走；崔某"闯禁令标志"和崔永见"酒后驾车"的违章行为必须到审理点去处理，"二崔"表示接受，事态暂时平息。崔永见叫来司机，在18点前赶到停车场，但停车场已无管理人员，一直等到20点也没拿到车，崔永见打的回家，恼怒之火重又升起。隔日，崔永见带着其妻王某某，开着车来到事发区域，看见民警王某正在执勤，冲上前开口索要200元打的钱，崔、王二人对王某又是抓又是打，还将王某的头盔掀掉、用扫帚劈打。民警运用多种解脱技术，摆脱二人的袭警行为，呼叫增援，后增援警力将二人扭送派出所，最终给予二人治安拘留各15天的处罚。

【案例点评】

1. 本案例中，袭击警察的原因是民警对交通违章的处罚，最后导致两人利用扫帚等工具对民警进行攻击，民警运用多种解脱技术才摆脱两人的攻击，反映出该民警还是有一定的徒手防卫能力。

2. 崔及妻看见民警王某正在执勤，冲上前开口索要200元打的钱的时候，民警就应该对二人可能会产生过激行为有防备，但是还是戒备意识不强，从而导致袭警行为的发生。

# 第六章 综合控制技术

　　综合控制技术在夹击抓捕实战中使用非常广泛，夹击抓捕是指抓捕人员（1、2号）利用便衣伪装隐蔽地接近到抓捕对象前、后两个位置，近距离实施前后夹击的战术，将抓捕对象抓获。当确定抓捕对象并将警力调配到位后，抓捕组的人员应拉开约8至10米的距离，自然地靠近抓捕对象，控制组的人员（3、4号）应位于两侧进行现场控制。若抓捕人员与抓捕对象在同一方向进行时，前面的人员在超过其约5米的距离时，以转身作为信号，由后面的人员在抓捕对象背后实施抓捕，迅速上前利用由后抱腿顶摔的技术摔倒对方，并立即骑压其腰部控制其手臂，而前面的人员应迅速上前协助控制，并立即上铐和迅速人身检查。在抓捕人员实施抓捕时，1号队员应立即上前靠近控制抓捕对象和警戒近距离内的情况，3、4号队员适当缩小控制范围，并密切注视周边的情况，必要时可持枪警戒；若抓捕组人员与抓捕对象相对行进时，则前面的人员从其身旁走过去，由后对目标实施抓捕，随后跟进的人员则应迅速上前实施夹击，对其上铐并人身检查。由于繁华场所环境复杂，容易遮挡视线，因此，控制组与抓捕组的人员之间的距离不宜过远，当情况发生变化时，应能及时上前协助配合，一旦将抓捕对象擒获住，应立即带离现场，由控制组负责警戒，防止人群围观或者出现意外。

抓捕人员全部着便装，并且在衣着上应与现场的情况相适应。行动应沉着，不要有异动，避免打草惊蛇。抓捕动作要果断迅速，撤离现场要快。如果抓捕环境过于复杂，可跟踪一段距离后，在较为理想的地段实施抓捕，尤其是在抓捕对象熟悉的环境中，例如是抓捕对象的熟悉地和熟人、邻居、老乡较多的环境中一定要谨慎行事，并配置优势的警力，增加接应组和控制组的警力，避免人群中不明真相群众的干扰，造成不必要的麻烦和困难。

## 第一节 二对一控制技术

二对一控制技术多适用于设伏抓捕，是指抓捕人员预先在房间内设置埋伏，待犯罪嫌疑人进入房间后实施抓捕的战术方法。设伏的房间可以是抓捕对象的居室、宾馆客房也可以是办公室等地点。抓捕人员在房间内设伏时应根据房间内家具的布局，因地制宜进行布置。除了房间隐蔽地点进行藏身外，房门后则是必须要安排人员占据的位置。控制组人员的布置，除该房间的出入口安排监控人员外，还应在院门外、街口以及抓捕对象进入房间可能经过的路段进行控制，这样可以及早发现目标并监视其动向，同时应将抓捕对象的运动位置及时通知在房间内设伏的抓捕组。一旦抓捕对象进入房间时，控制组人员应立即将该房间包围，封锁住所有的出入口。

设伏的抓捕人员在抓捕对象开门进入房间时，应先由门后的人员开始行动。如果该房间是一扇门，1号抓捕手应位于门后一侧，2号抓捕手应隐蔽在利于配合抓捕的位置上，进行前后夹击的势态；若房门是对开的，则应在两门后分别设伏1、2号抓捕手，形成由后左右夹击的态势。行动时，门后人员应由其背后快

# 第六章
## 综合控制技术

速实施擒拿动作，房内其他设伏人员应随之行动进行协助，将抓捕对象制服抓获。

**一、两侧接近控制（搓肘别臂结合压臂控制）**

**动作要领：** 1号警察在对方的右后侧，2号警察在对方的左侧，由左、右后两侧自然接近对方。1号警察攻击，以压臂动作迅速控制对方左臂（压臂动作要领：当我方至于对方的右后侧时，用右手抓握其右手腕，并向里回拉、反折的同时快速上左步成左弓步，用左大臂腋下下压其右大臂，别压其肘关节，将其控制。）；2号警察同时冲上，突然以搓肘别臂动作控制其左手，（搓肘别臂动作要领：当我方接近对方时，右脚上步成右弓步于对方左脚外侧，右手成掌，从对方小臂内侧插入并用我方小臂向前上方滚搓其小臂，同时左手由外抓握其左肘关节，回拉使其臂内旋，随即我方屈右臂，右肩臂贴靠其右小臂，迫使其屈肘并贴近我方前胸；同时，向左转体成左弓步，右手顺势自上而下扣抓其左大臂并屈肘夹紧其小臂，左手折压其腕关节，迫其上体前倾于我方左大腿处；以夹肘、别臂夹臂将对方控制）两警察同时用力下压，将其控制。此技术主要用于两人协同由两侧接近控制对方。

**动作要点：** 接近时一定要自然，1号警察实施动作时一定要快、准、狠、猛。2号警察协同要及时；两人配合要默契，力争以最短的时间，最快的速度将其制服。

**易犯错误：** 1. 共性问题：整个动作的完成，缓慢、不协调、力度不够。

2. 个性问题：对各关节部位的控制不牢固；两人协同配合不默契。

**纠正方法：** 可采取三人一组分解练习，对各关节部位及两人配合练习可反复操练，找出控制点。要求动作的连贯性，衔接紧

凑，整体动作协调完整，控制部位准确而有力。

【警察实战抓捕案例】

2010年10月29日晚11时许，太原市公安局直属二分局刑警大队民警摸到一条重要线索，因涉嫌抢劫而被警方网上通缉的在逃犯罪嫌疑人韩某将在太原武宿机场附近露头，于是立即赶赴现场对其实施抓捕。赶到现场后，民警很快便发现了可疑车辆，但上前盘查时却发现车内坐着两男两女，却不见韩某本人。之后，民警在车后备箱发现几把砍刀以及吸毒工具，于是便将这几名犯罪嫌疑人先行控制。

经就地突审，民警迅速查明车上的两名男性犯罪嫌疑人分别叫赵某和李某，二人皆称不认识韩某，只知道刚才开车的那个人叫"二宝"，而这个"二宝"现在刚去了附近的一个工地办事。民警分析这个"二宝"极有可能就是网上通缉犯韩某，于是直扑工地展开搜索。因当时天黑，民警只能依靠强光手电进工地摸查，这时，令人意想不到的一幕发生了，只见一名男子突然从工地的一处小门冲出，民警见状急扑上去，不料该男子竟用催泪剂疯狂的喷射民警面部，还用一把折叠刀将已经抓住他的民警李飞背部捅伤。在这个危急关头，受伤民警毅然咬紧牙关，忍着剧痛牢不松手，直到战友赶来，利用抓捕动作将这名负隅顽抗暴力袭警的狂徒当场制服。经审查，此人正是因涉嫌抢劫而于2008年12月被警方网上通缉的在逃犯罪嫌疑人韩某。然而，就在民警奋勇缉逃的过程中，先前已被控制的两名男性嫌疑人赵某和李某趁机脱逃。

【案例点评】

1. 民警在对建筑搜索过程中与犯罪嫌疑人发生遭遇战，犯罪嫌疑人用催泪剂疯狂的喷射民警面部，还用一把折叠刀将已经抓

# 第六章
## 综合控制技术

住他的民警背部捅伤。反映出民警在搜索过程中的安全意识有待提高,同时搜索的技巧还有待改进。

2. 搜索过程中,最忌讳单警作战,由于建筑工地地形复杂,危险点多,单警进行搜索,很容易被犯罪嫌疑人偷袭。

3. 在进行搜索时,忽视对已抓获人员的控制,导致先前已被控制的两名男性犯罪嫌疑人赵某和李某趁机脱逃。

### 二、前、后接近控制(抱膝顶摔结合夹颈、抓控双手)

**动作要领:**

1号警察在对方的后方,2号警察在对方的前方,自然接近对方。当靠近时,1号警察由后突然抱膝顶摔动作将对方摔倒,(抱膝顶摔动作要领:当我方由后接近对方时,上右步成右弓步于其右脚外,快速以双手抱住其两腿将其摔倒,呈俯卧状,同时用左腿压住其两小腿将其牢牢控制)。2号警察立即上前用双膝内侧夹住其头颈,并将其手臂控制住。此技术主要用于由前、后接近控制对方。

**动作要点:**

1. 警察使用抱腿顶摔动作要正确、快速,整个动作要一气呵成。

2. 警察跟进要快、夹头、控制其手臂要牢固,两人动作过程要清楚、配合默契。

**易犯错误:**

1. 共性问题:整个动作的完成,缓慢、不协调、力度不够。

2. 个性问题:对各关节部位的控制不牢固。

**纠正方法:**

可采取三人一组分解练习,对各关节部位及两人默契配合练习可反复操练,找出控制点。要求动作的连贯性,衔接紧凑,整

129

体动作协调完整,控制部位准确而有力。

## 第二节　三对一控制技术

三对一控制技术多用于引诱抓捕,就是采用示形用诈的方法将抓捕对象引诱到布置好的地点并将其抓获的战术。为了避免在繁华场所行动而引起人群的骚动,尤其是在抓捕重大犯罪嫌疑人或可能持有武器、凶器以及爆炸物品的歹徒时,一旦发生火力交战或者爆炸事件,则极易伤及过往群众,因此,采用引诱战术显得更加重要。引诱抓捕关键突出一个"诱"字,应根据犯罪嫌疑人的性格特征、需要特征以及现场的实际情况,采用相应的引诱方法。

实施引诱抓捕时,担负引诱任务的抓捕人一定要装扮得逼真,如果被抓捕的对象看出破绽,就难以诱其上钩。为了稳妥起见,除抓捕组在预定地点设伏外,控制组、接应组的位置应在不引起怀疑的前提下,尽可能靠近抓捕对象。当将其引诱到预定地点后,应适当缩小包围的范围,控制组应迅速封锁该地点的各个通路,并尽量将其与群众隔离,抓捕组实施抓捕。控制后迅速带离现场,控制组和接应组的人员应紧随保护。

一、前、侧后接近控制——锁喉摔结合抓控其双腿和双手臂

动作要领:

1号警察在对方的后方,2号警察在对方的前方,3号警察在对方的左侧,呈包围状自然接近对方。1号警察首先由后靠近,右手前插锁喉,左手抓握其左手外翻,以勒颈、打腿、转体之合力将其摔倒后,控制其左手臂。2号警察立即上前抓握其两踝关节处,将其两小腿交叉反折,使其右小腿压住其左脚腕处并将其

# 第六章
## 综合控制技术

双腿控制；3号警察快速上前，以跪压的动作控制其右手臂。此技术主要用于由三人组合侧、后接近控制对方。

**动作要点：**

1号警察锁喉动作要快速、协调、连贯；2号警察抓踝控制双腿要牢固；3号警察抓控其手臂要牢固；三人配合要默契。

**易犯错误：**

1. 共性问题：整个动作的完成，缓慢、不协调、力度不够、三人配合不默契。

2. 个性问题：对各关节部位的控制不牢固。

**纠正方法：**

可采取四人一组分解练习，对各关节部位及两人默契配合练习可反复操练，找出控制点。要求动作具有连贯性，衔接紧凑，整体动作协调完整，控制部位准确而有力。

### 二、侧后接近控制——抱腿顶摔结合抓控其双腿和双手臂

**动作要领：**

1号警察在对方的正后方，2号、3号警察在对方的两侧后方，呈包围状自然接近对方。1号警察首先由后靠近，双手抱其膝部，肩顶对方臀部，以顶、拉之合力将其摔倒后，控制其双腿。2号、3号警察快速上前，以跪压的动作控制其双手臂。1号警察站起抓握其两踝关节外，将其两小腿交叉反折，使其右小腿压住其左脚腕处并将其双腿控制；此技术主要用于由三人组合侧、后接近控制对方。

**动作要点：**

警察抱腿动作要快速、协调、连贯；2号、3号警察控制双手要迅速；三人配合要默契。

131

**易犯错误：**

1. 共性问题：整个动作的完成，缓慢、不协调、力度不够、三人配合不默契。

2. 个性问题：对各关节部位的控制不牢固。

**纠正方法：**

可采取四人一组分解练习，对各关节部位及两人默契配合练习可反复操练，找出控制点。要求动作具有连贯性，衔接紧凑，整体动作协调完整，控制部位准确而有力。

# 第七章 徒手防夺凶器

犯罪嫌疑人用来威胁、伤害、杀人的器具均可称为凶器。凶器在擒拿格斗中，对人的生命构成严重威胁，因而危险性强。我方面对凶器不仅需要勇气和胆量，更需要过硬的技术和灵活的头脑，要本着先避让防守，后夺拿凶器的原则进行。在对峙时，要先分散对方注意力后进行夺拿。

全球范围内每天发生的持刀械斗案件众多，但不管事件发生在东方还是西方国家，持刀袭击的手段不外乎有以下两种方式：刀砍和刀刺。"刀砍"是在持刀袭击中经常使用的一种攻击方式。通常有以下三种形式：力量型的砍杀；敏捷型的砍杀；钩状型的砍杀。力量型的砍杀是利用肩膀和后背肌肉进行的强有力的攻击。敏捷型的砍杀需要不同的身体动作，就像猫爪的攻击。刀对准目标迅速地出击，手腕弯曲收回。钩状型的砍杀即目标对准砍的地方的后面，然后刀有力地呈半圆形猛砍过去。刀刺在持刀袭击中，刀刺相对于刀砍要罕见得多。和"刀砍"一样，"刀刺"也有三种形式：普通型的、敏捷型的、钩状型的。普通型的袭击即刀对准目标笔直地刺过去。敏捷型的袭击用刀对准目标毫不犹豫地又快又轻地刺过去。这种类型的袭击，刺的力量和深度都不是不同的。钩状型的进攻完全像拳击手的勾拳，目标通常对准身体一侧肋骨的下面，这种刺杀方式既有力又有深度。

# 第一节　对短凶器的防夺

短凶器类凶器，如匕首、菜刀、改锥等。这类凶器一般都较小，锋口较利便于携带，使用于近距离，攻击时变化多，其伤害性更为直接，危险性大。在防夺的过程中一定要注意避开锋芒，躲开尖刃，在防夺时动作要快速准确，突然有力。

## 一、防夺匕首

### （一）圈腕

当对方正握匕首直刺我方胸腹部时，我方迅速向左闪身防守，同时用左手抓住其手腕、右手封住手背同时做圈腕动作将其匕首夺下。

### （二）圈臂压肩

当对方正握匕首直刺我方腹部时，我方迅速利用收复后侧身防守，同时左手小臂外格挡上左脚贴身圈臂，侧右脚进行压肩。

### （三）蹦臂

当对方反握匕首直刺我方头或胸部时，我方迅速向左后方闪躲防守，右手抓住对方手腕下压，同时用左手蹦臂击打其肘关节。

### （四）夹臂拧腕

当对方反握匕首直刺我方胸部时，我方迅速向左后方闪躲防守，用右手抓住其手腕，上左步左手夹臂，右手拧腕，同时还可以用膝击裆。

**【缉捕持刀嫌疑人时暴力袭警实战案例】**

某日清晨，某分局反扒民警吴某、沈某在一辆中巴上发现一名外地男青年有扒窃嫌疑。当车行至下一个车站，那个外地男青年贴近一名准备下车的中年乘客。不久那位乘客高声叫道："我的

1300元钱没了！"话音未落，民警吴某箭步上前用身体挡住车门顺势将扒手朝车内推，不让他趁乱下车，同时密切观察车上是否有扒手的同伙。这时候，民警沈某上前准备抓捕，扒手见势不好，突然从身上拔出一把弹簧刀指着民警沈某和周围的乘客凶狠地说："过来呀，我一刀捅了你！"一见扒手出刀，车上乘客惊恐地纷纷避让，闪出了一块空隙。民警沈某感到狭小的空间难以使用警棍，又担心扒手的刀伤及群众，就奋不顾身地扑向扒手。民警沈某只觉得右脸一阵冰凉，被扒手刺伤，他不顾这些，紧紧地抓住扒手握刀的手不放。在推拉中，民警沈某的左胸腋下又被刺中一刀。在旁的民警吴某迅速用右手抓住其手腕，上左步左手夹臂，右手拧腕，将扒手持匕首的手向车坐椅猛烈撞击，匕首掉在地上才被夺下，最终将其制服。

**【案例点评】**

1. 反扒民警在工作中，经常都会碰到扒手持刀行凶的情况，民警应随身携带伸缩警棍、催泪喷射器等一些体积小，便于携带的警械在抓捕中使用。

2. 本案例中，民警沈某感到狭小的空间难以使用警棍，又担心扒手的刀伤及群众，就奋不顾身地扑向扒手。但是在抓捕中对持刀的犯罪嫌疑人应保持距离，同时用衣服等物体缠绕在手上以自我保护。

**二、防夺菜刀**

（一）夹臂拧腕

对方右手握菜刀由上向下劈来之时，我方立即上左步闪身同时右手由上向下面顺势抓住对方右手腕部，迅速上抬左肘用力夹住对方右臂，左脚后插贴住对方右脚使其难以转动，右手由外侧抓住对方腕关节，避开菜刀刃，两手合力旋拧。

## （二）抓臂折腕

对方右手握菜刀由上向下劈砍我方头部时，我方迅速向左侧步闪身防守，顺势用左手抓臂，右手掌拍击其手背，同时还可以抓住其手背进行折腕，将对方菜刀夺下。

**【设卡盘查中嫌疑人持刀暴力袭警案例】**

某日晚，两民警按照上级领导指示，近期"两抢"案件时有发生、比较偏僻的某路口设卡，重点对三五结队出行的外来人员和过往出租车进行盘问检查。

20:45 分，一辆载着 3 名男青年的出租车被民警拦下。民警发现车内 3 名外地模样的男青年（前排 1 名，后排 2 名）神色较为慌张且前排男青年悄悄将手伸进座位底下似乎在隐藏东西。据此，2 名民警分从两边靠近车窗朝车内观望，看到后排 2 名男青年中间的座位处放有一用报纸包裹的长条形物品，凭工作经验判断，该车上的人形迹可疑、物品可疑。于是 2 名民警向他们表明身份，请他们出示身份证，但 3 人磨磨蹭蹭，民警加以催促。当民警看到三人先后掏出证件，不大愿意将证交出时，站在右前窗边的民警便将手伸进车窗内去夺，犯罪嫌疑人突然将车门往外推，车窗框撞到民警面部并将民警撞倒在地。3 名犯罪嫌疑人抱起用报纸包裹的长条形物品等鱼贯跳出车外，往车尾方向逃窜。站在车辆左侧的民警赶紧绕过车辆上前追赶，情急之下拉住其中一人右手臂，但很快被 2 名犯罪嫌疑人打倒在地，犯罪嫌疑人还从长条形物品中抽出一把西瓜刀，民警灵活闪躲但还是被刀划伤大腿，犯罪嫌疑人随后分头逃逸。警察迅速请求增援，后在增援警力和群众搜查下，抓获 2 人，送派出所。经审查，两人供认了预谋抢劫出租车的计划。

**【案例点评】**

1. 民警在设卡盘查工作中，发现盘查对象有可疑之处，没有引起足够重视，命令可疑人下车时，被可疑人猛推车门撞到面部，摔倒在地。

2. 民警发现可疑人有用报纸包裹的长条形物品时，怀疑是刀。这时民警没有准备用高一级的武力来控制对方，导致可疑人将民警撞倒后迅速逃跑，民警被迫追赶，处于被动状态。

3. 在追赶可疑人的过程中，民警没有注意方式方法，拉住其中一人右手臂，但很快被两名犯罪嫌疑人打倒在地。在追赶可疑人过程中民警应该避免直接抓对方肩部、手臂等部位，如对方快速转身持刀袭警，民警将来不及反应，非常容易受到伤害。

4. 在可疑人持刀袭警时，民警应停止追赶，保持安全距离，看周围是否有可利用的东西，保持与可疑人的对抗状态。

## 第二节  对长凶器的防夺

长凶器类凶器，如棍、棒、扁担、铁锹等。这类器具携带较为隐蔽，使用于中距离，攻击变化也较多，但不像尖刃类凶器，防夺时可以直接抓握。

**一、防夺棍棒**

（一）绞压横击

对方用棍直捅我方腹部时，我方迅速向外侧躲闪，同时双手分别抓住棍的前端和中端，两手用力沿顺时针方向缠压，迫使对方松脱，借力将棍夺下，用棍横击对方头部。

（二）抓腕托肘

当对方持棍劈击头部时，我方向左侧闪身快速贴近对方右侧进行防守，同时，右手顺势抓住对方右手腕部，左手上托对方右臂肘部，同时右手用力下压，控制对方夺取对方棍。

## 二、防夺其他凶器

（一）防夺酒瓶

当对方右手握酒瓶由上向下击打我方头部时，我方迅速闪身到其右侧防守，顺势用左手垫其小臂，同时右手用掌切击手三里穴，使其降低手臂功能，酒瓶顺势夺下。但是要注意对方把瓶子敲断进行攻击，这时我们一定要避开其锋芒再进行夺取。

（二）防夺砖石

当对方右手握砖头由上向下击打我方头部时，我方可以直接用左手臂架挡，用右手拳攻击对方鼻部或用膝关节击其裆部将其制服。

在徒手夺凶器时，动作要非常熟练，干净利落，自信心要强。一旦遇到没有把握情况，可采用迅速脱下上衣，用衣服缠绕对方的凶器，再进行夺拿，制服对方。在第一次抢夺没成功时，注意借助现场可借助物体进行自我保护和打击对方身体或持凶器的手臂，减弱对方的进攻，再进行夺拿和制服。

# 第八章 暴力袭警时的处置措施

## 第一节 暴力袭警原因及对策

近年来,公安民警为了维护社会秩序、保障国家、集体的利益和人民群众的生命财产安全做出了卓越的贡献,也付出了不少代价,民警正当执法权益受侵害已成为日益突出的问题。民警在执法中遭受侮辱、阻挠、袭击等不法侵害的事件接连发生,对民警的人身安全构成了严重威胁,给民警精神和心理造成相当大的压力,其负面效应已影响到公安工作的正常开展。因此,增强民警执法自我保护意识和防范暴力袭警的能力已刻不容缓。

### 一、暴力袭警的现状与原因

近年来公安民警在执法过程中屡遭不法侵害,其数量在近几年有不断上升的趋势。据2004年年初公安部统计:1981年以来全国民警在依法执行公务中,共有7000多名警察牺牲,13万名民警负伤;仅2003年,全国有6552名民警在执法中牺牲和受伤。[1] 其中,牺牲476人,负伤6076人,牺牲人数比2002年增加33人。其后果有"两个危害、两个影响",即严重危害公安机关和人民

---

[1] http://www.docin.com/p-273991938.html.

政府的形象。危害民警的身心健康，影响公安工作的正常进行，影响扶正祛邪社会主流的发展，增加社会不稳定因素。

（一）客观原因

（1）公安机关执法活动具有强制性，当民警执法时，有些对象因种种原因，想逃避惩处会出现袭警和拒捕的情况。

（2）社会变革中衍生的部分人失衡不满的心理往往会以妨碍执法为发泄渠道。

（3）少数群众法制意识较差。

（4）执法程序以及法制不健全影响惩治暴力抗法的力度。

（二）主观原因

（1）部分民警对自身安全重视不够，自我防护意识较弱。

（2）部分民警规范执法的意识不强，造成暴力抗法的可乘之机。

（3）少数民警执法水平不高，现场处置能力不强，引起矛盾激化。

（4）少数民警的身心疲惫得不到及时化解和放松，造成工作时本身心绪不佳，容易造成言语冲突，进而引发不法侵害。

二、防范暴力袭警的基本对策

（1）加强民警相关法律法规和执法程序的学习。

（2）加强民警防范暴力袭击技能训练。

（3）建立袭警案件上报分析制度，提高防范预警机制。

（4）加强警民共建和法制宣传，优化执法环境。

（5）健全法制建设，加大打击暴力袭警违法犯罪行为的力度。

【袭警案例】

**案例 1**：2010 年 12 月 6 日 20 时 35 分许，由交警、警察联合组成的交通违法夜勤整治组，在香坊区长江路与禧龙大街路口附近执勤时,发现从长江路高速公路口向市区行驶的两台大型翻斗车涉嫌超载违法,遂即拦截进行检查。

在检查中,交警确认两台翻斗车都存在严重超载后,依法暂扣车辆要求违法车辆驾驶员将车开往指定地点并由巡防支队郭某、高某两名民警全程驾车跟随押送。22时许,当被扣留的两台大货车行驶至先锋路胸科医院路段时,走在前方、速度并不快的翻斗车突然停车,造成后面的大货车追尾,趁民警处置间隙,前车驾驶人趁机驾车逃逸。在控制住后车驾驶人后,民警要求该人联系前车驾驶人返回配合执法。

但令人意想不到的是,在此期间,大众途锐、帕萨特、荣威三台黑色无牌车辆赶到现场,从车内下来的10多人手持镐把、砍刀等凶器,不由分说,叫嚣辱骂民警,要求马上放车,见现场两名警察态度坚决没有退让,其中带头的一人一挥手大声喊道"打他们",肆无忌惮的十几名手持凶器的暴徒开始在街头猛追猛打群殴身着警服的执法民警,而整个追打围殴过程持续了近十分钟的时间。

在支援警力赶到现场后,两名民警在与歹徒搏斗中全身多处受伤,已被暴徒打伤倒在地,十几名犯罪分子抢夺了扣押的翻斗车,驾驶车辆逃离现场。随后,警方将受伤民警送往医院救治,同时进行布控堵截犯罪分子和嫌疑车辆。

**案例2**:2010年12月29日,山东省德州市德城区发生一起杀人案件。2011年1月4日11时20分许,泰安市公安局泰山区分局刑警大队和岱宗坊派出所民警在协助德州市公安局德城分局侦查人员到案件重大嫌疑人之弟家中调查了解情况。在民警亮明身份准备入户时,突然遭到室内2名犯罪嫌疑人员隔着栅栏式防盗门开枪射击,犯罪嫌疑人在将3位民警、1位协警打伤后,抢

劫一辆过往汽车逃跑。2名犯罪嫌疑人随后又抢了一辆桑塔纳逃跑，警方紧追不舍。约一小时后，犯罪嫌疑人抢得一辆丰田越野车，在龙潭路和文化路交叉口将一辆警车撞出马路外，越野车撞向路旁一棵大树，导致树断车毁。随后，犯罪嫌疑人又劫持了一辆面包车，拐向文化路……面包车沿文化路逃跑时，撞上了一辆SUV车，把车门撞坏。当时，估计SUV车的司机刚要下车，车门被撞向前方。接着，面包车又撞飞一个装载水果的三轮车……。犯罪嫌疑人逃至农大后门菜市场时，面包车被警车从后面撞上，前方的警车围堵了过来。犯罪嫌疑人逃跑途中换了4辆车，枪伤两名司机。经广大民警不懈追捕，最后将犯罪嫌疑人车辆围堵在泰安市泰山区文化路中段，民警果断用警车撞击犯罪嫌疑人驾驶的车辆，致使其无法行驶。但犯罪嫌疑人仍持枪、持刀拒捕，民警与其进行搏斗，当场抓获其中1名犯罪嫌疑人，另1名犯罪嫌疑人开枪自杀。警方缴获双管猎枪1支，自制小口径手枪1支，匕首1把，小口径射击运动用子弹180枚，猎枪弹7发。

**【案例点评】**

1. 在本案中，3位民警和1位协警不幸中枪殉职，另有多名民警和无辜群众受伤。虽然在泰安市警方的布控下，最终2名歹徒一名自杀身亡、一名被生擒，但案件却暴露出当前警方在处置涉枪暴力犯罪时缺乏相应经验和装备的尴尬境地。

2. 调查民警警惕性不足。

**案情回顾**

3位民警、1位协警在准备入室调查犯罪嫌疑人弟弟住处时，遭到2名犯罪嫌疑人突然开枪射击，位于楼道内的4个人猝不及防，均被击伤倒地。

**问题所在**

根据公安部相关规定,对于持枪杀人等严重暴力犯罪案件,办案民警在排查时也应该注意穿着防弹衣,并做好战斗准备。另外,在进行入室调查时,除了叫门的民警,其他人都应该在门的侧面和楼道拐角处待命,并做好战斗准备。而参加此案调查的民警没有穿着防弹衣,而且在叫门时都站在楼道内,缺乏防护意识是造成重大伤亡的直接原因。

3. 没有按章设置监控人员。

**案情回顾**

2名犯罪嫌疑人在开枪击倒民警后,从屋内窜出,冲到大街上,并成功抢劫一辆过往汽车逃跑。

**问题所在**

根据公安部相关规定,对于持枪杀人等严重暴力犯罪案件,进行清查时需要设置清查组、监控组、后备组,监控组和后备组的主要任务就是阻止犯罪嫌疑人逃窜。在本案中,泰安警方并没有按章执行,导致严重的人员财产损失。

4. 拦截涉案车辆计划欠妥。

**案情回顾**

2名犯罪嫌疑人在劫车逃跑后,在途中共抢劫更换4辆车、并击伤2名司机。2名犯罪嫌疑人在驾车逃窜了1个多小时后,最终才被警车撞击、围堵停下。不幸的是,撞停犯罪嫌疑人汽车的1名交警在下车后被犯罪嫌疑人开枪击中牺牲。

**问题所在**

根据公安部相关规定,本案的情况属于公开拦截,进行公开拦截的首要事项是在适当的路段设卡,并且需要为执勤人员备足枪支、弹药、阻车钉、防撞架等,还应该使用大型车辆封路。遗

憾的是，在本案中，警方明显缺乏相应计划，仅依靠前线人员的勇气将犯罪嫌疑人车辆撞停，而将犯罪嫌疑人汽车撞停的那位交警却因为缺乏避弹衣、枪支，下车后被顽抗的犯罪嫌疑犯击中牺牲。

5. 基层民警缺乏防弹衣和枪支。

**案情回顾**

在本案中，共有 2 位民警、1 位协警遭到犯罪嫌疑人枪击后牺牲，另有 2 名民警、2 名协警和 2 名群众受伤。从新闻报道和图片中可以发现，参与此案的大部分民警没有穿着避弹衣，也缺乏长枪（步枪或霰弹枪）等威力较强的武器。

**问题所在**

根据公安部的相关规定，现场执勤的民警须完整携带公安单警装备。所谓的公安单警装备即警棍、手铐、催泪喷射器、强光手电、警用制式刀具和枪支、对讲机、警务通等。但警方的很多基层单位装备并不齐全，不少巡逻警车里只有警棍和钢盔，既没有防弹衣也没有长枪。特别是对于枪支，不少民警认为不带最好，省得不小心丢了麻烦；加上一些基层领导也担心民警带枪执勤会出事，甚至在平时将一线民警的枪都收了回来，结果导致遇到突发事件时无枪可用。

## 第二节　防范暴力袭警的原则

防范暴力袭警的原则，来源于人民警察长期实战经验的积累和总结，来源于多起血的教训的理智分析，来源于世界各国警务理论的交流。它是指导实战、避免民警遭受袭击的基本行动准则，也反映了反袭警教育训练的要求。基层一线民警要牢牢把握这

"十二字"原则。

一、评估

这里的评估,是指对案(事)件的具体情况作简要、快速的分析,包括对工作难度、危险因素的提前估计及临场判断。评估应该贯穿案(事)件处置的始终。

二、程序

这里的程序,主要是指民警在执法中一定要遵循法律(执法,如违法行为处理程序规定等)程序和公安内部工作规范。

三、缓解

这里的缓解,有两层意思。一是在处置一般案(事)件中,不要轻易激化自身与当事人之间的矛盾,更不要将本来是双方当事人之间存在的矛盾转化为警民矛盾。二是在处置暴力犯罪、缉捕人犯处于对峙状态时,通过谈判劝服的形式缓和紧张态势,为我方排兵布阵、顺利抓捕赢取时间。

四、距离

一般情况下,人都有本能反应,只要保持一定的距离,对方做出任何攻击动作,我方都能比较有效地做出反应。在执法中,要根据与对象的冲突等级相应保持距离。最佳的距离应是既有利于保护自己,又有利于控制和攻击对方。

五、控制

这里的控制,主要指对现场全局的控制。

六、求援

求援是指在先期处置各类案(事)件中,由于警力不足或装备不齐或场面不可控制时,要及时求得上级、同级或广大群众在人力、物力上的支持和援助。

**【袭警案例】**

**案件1**：2010年3月8日下午，长春市一名女司机驾驶未挂牌照的吉普车上路，并在繁华的路口逆向行驶造成严重的交通堵塞，在一名交警对其进行纠违行为时，她竟驾车顶着交警开出近10米远，致使这名交警的胳膊被吉普车的后视镜撞伤。

**案件2**：2010年4月1日晚上，细雨纷纷落下，在遂宁市射洪县沱牌镇滨江路发生了一起交通事故，射洪县交警大队特勤中队民警何林赶到事故现场进行勘察，当他在聚精会神的专心拍照片时，被疾速行驶而来的丰田小轿车撞倒在工作岗位上，经医院抢救无效，以身殉职。

**案件3**：2010年4月21日下午，一名男子在福建长汀城区交警中队门口上演了一出拦截持刀威胁逼迫民警的情景，长汀警方闻警而动及时制服了该男子。据了解，该名持刀男子前段时间在城区繁忙路段骑摩托车，车载3人，为确保当事人的人身安全及教育他人，交通民警依法对其进行了处罚。然而该名男子猜疑交警对其违规驾驶行为的处罚过重，便再三缠住交警要求退回"多余款"，不成之后，4月21日竟铤而走险在交警中队门口拦截交警，持刀对交警进行威胁逼迫。

**案件4**：2010年5月6日下午6点20分，贵港市交警支队一大队民警在中山岗维持交通秩序时，对一辆大货车进行例行检查，因该货车驾驶人无法出示通行证，上下班高峰期车流量又非常大，为了避免交通堵塞，民警告知该驾驶人将车开过红绿灯后回到执勤点接受处理。大约十分钟后，该名司机便开始质问民警："现在都已经是晚上6点半了，我的车为什么还不能过？"情绪异常激动的他根本听不进执勤民警的任何解释和劝导，回到货车驾驶室内拿来一把长约一米的大砍刀，径直来到民警面前就欲砍。在场民警及协管员见状合力夺走了该货车驾驶人手上的大砍刀,并成功将其制服扭送到当地派出所,避免了一起袭警血案的发生。

**【案例点评】**

1. 案例1中,由于民警纠正违章时站位出现问题,站在车头前执法,被司机驾车顶着交警开出近10米。交警执法应站在驾驶员侧面,远离车门的位置,这样既不会被车门撞伤或车辆突然启动时不会被撞倒。

2. 案例2中,由于民警到事故现场进行勘察,当他在聚精会神的专心拍照片时被车辆撞倒,不幸以身殉职。在进行现场勘查工作时,民警应有同事在周围进行秩序维持,同时对勘查的同志也起保护的作用。

3. 案例3中,犯罪嫌疑人持刀对交警进行威胁,交警没有与其纠缠,而是呼叫增援,从而成功制服犯罪嫌疑人。

4. 案例4中,犯罪嫌疑人持刀对交警进行威胁,交警与协管员合力将刀夺下,成功处置袭警事件。在夺刀过程中两人英勇顽强、配合默契将刀夺下。

## 第三节 常见袭警案的防范

犯罪嫌疑人袭击警察,警察应立即做出快速反应,根据犯罪嫌疑人距离的远近、自己警械的准备情况、同伴的情况及周围环境的特点,采取灵活的反击措施。

### 一、犯罪嫌疑人袭警原因分析

随着尘埃落地,时间推移,一些感觉也许会被湮没。但总有一些疼痛令人难以忘怀:为什么会频频发生暴力抗拒民警执法事件呢?各级公安机关的民警在反思,各界群众也在探讨。

原因一：目前社会处于转型时期，各阶层利益大调整，各种社会矛盾积聚，公安机关及其民警为了维护社会秩序、保持治安稳定，自然就处于风口浪尖之上。一线民警在处置下岗工人、城市拆迁户、上访户、打工人员等群体的过激行为时，遭遇暴力抗拒的情形增多不可避免。2003年7月，在西安市未央区谭家街道办福辉钢厂打工的四川省雷博县的几名民工因工资纠纷，两次纠集60余名同乡手持木棍、铁棍到福辉钢厂聚众滋事，与福辉钢厂人员冲突对峙。当市局、分局调动150名民警赶赴现场制止时，12名民警先后被砖头和钢管等物砸伤。公安机关对抓获的为首人员依法进行了惩处。

原因二：民警进行盘查、查验证件、传唤拘捕、使用武器警械等执法活动时，缺乏全国统一的、有法律强制力的装备配置、执法语言和执法动作方面的具体规范。容易形成这样一种情况：被传唤人常常诬蔑民警执法态度不好，以民警执法不文明为借口抗拒执法，有的竟然声称要把执法的民警扭送到警务督察队，还有的暴力抗法者见民警亮出武器警告，便指责民警乱用武器、恐吓群众，煽动同伙抢夺民警的枪支，然后寻隙逃跑。许多国家的警察在进行盘查、查验证件、传唤拘捕等执法活动时，有全国统一的、有法律强制力的执法语言、执法动作方面的具体规范。警察应该携带哪些武器、警械，执法时怎样发布命令，被盘查、拘捕者应该怎样配合，都规定得清清楚楚。若被盘查、拘捕者有可疑动作或暴力行为时，导致警察使用警械武器致其伤亡，则后果由被盘查、拘捕者自负。即使仅仅用语言威胁、谩骂执法的警察，也会遭到指控。虽然这些国家时有警察滥用暴力的问题出现，但毕竟只是个别现象。暴力抗拒执法的情形倒是很少见。

由于我们国家目前没有类似的规范，使暴力抗法者有空子可

# 第八章
## 暴力袭警时的处置措施

钻。即使民警果断而恰当地使用了武器，因造成抗法者的死伤，抗法者及其家属四处控告，开枪的民警常常被接受调查。于是，为了少惹麻烦，干脆"刀枪入库"，执法时不带枪支警械。在这种情况下，民警常常要付出鲜血和生命的代价。

可见，制定民警出警或巡逻盘查时的装备规范、查验证件、拘捕和使用武器警械的具体语言和行为规范意义重大。这个规范将是判断民警执法是否正确、被盘查人抗拒执法遭惩处后的投诉是否应予支持的尺度。

以查验身份证为例，讨论居民身份证法草案时，就有专家学者认为，草案中规定"公安机关在执行任务时，有权查验居民身份证，被查验的公民不得拒绝"这一规定过于原则，无限扩大了警察的权力。因此，后来在正式颁布施行的《居民身份证法》第15条规定："人民警察依法执行职务，遇有下列情形之一的，经出示执法证件，可以查验居民身份证：（一）对有违法犯罪嫌疑的人员，需要查明身份的；（二）依法实施现场管制时，需要查明有关人员身份的；（三）发生严重危害社会治安突发事件时，需要查明现场有关人员身份的……（五）法律规定需要查明身份的其他情形。"这就是说，公民是否随身携带证明自己身份的证件，客观上成为公民的义务，公安机关无权强迫；警察查验身份证时，查验对象必须要有违法犯罪嫌疑。若查验对象以警察随意查验身份证构成侵权为由将公安机关告上法庭，公安机关及其警察要证明查验对象确有违法犯罪嫌疑还真不是一件容易的事。

香港的证件查验制度很严格，离开居所200米之外不携带身份证件就会被控违法而遭到处罚。对比之下，内地的居民身份证法对警察查验居民身份证的条件规定的非常苛刻，无异于绑住了警察的手脚。

国民遵纪守法观念的形成不能单靠教育，还要靠国家的强制力。如果把随身携带身份证件规定为一项义务，同时规定不履行这项义务的法律责任，人们就会觉得警察查验身份证件是为了维护治安秩序的需要和交警有权查验车辆行驶证、驾驶证一样，天经地义。

原因三：近年来对公安机关文明服务形象的宣传和民警执法权神圣不可侵犯的宣传之间，发生了比例失衡。

前者的宣传似乎过度，后者的宣传则较少或根本不宣传——是担心宣传警察"暴力"，与文明执法、以德治国和创建和谐社会的要求不符，担心会造成负面影响。久而久之，难免在社会公众心目中产生这样一种思维定式："警察"就是"文明和蔼"的代名词，抓人、处罚就是"粗暴""侵犯人权"，群众有权拒绝或反抗。

公安机关内部有诸多分工：有的部门行使服务职能，有的部门主要行使专政职能。若不分对象，舆论宣传要求各个部门都要做到热情服务，就会对社会公众的思维定式和观念起误导作用。人们会认为不论什么警种的警察执行什么样的任务都要文明，要客客气气，有话好商量，要给面子，拒绝执法不过是讨价还价，没什么大惊小怪。此种观念蔓延开去，就等于给为非作歹之徒壮了胆，遇民警来传唤、拘捕或制止滋事，"打的就是你警察！"而我们可爱的警察常常是被打得头破血流，警服被撕烂，还得赔着笑脸，仅仅是想赢得围观者的同情。民警纵有一身拳脚功夫也不敢施展，也只能在汇报演练时表演一下。

岂不知，当群众看到执法的民警遭暴力殴打而不敢还手时，根本不会认为这是警察的美德，他们认为警察窝囊、无能，心里产生的感觉是正不压邪，是极度的恐惧，是对政府权威的质疑，是对法律和秩序的失望。假如我们的民警该出手时就出手,能有效制服歹徒,群众就会热烈鼓掌,就会增强见义勇为和违法犯罪分子作斗争的信心。一位人大代表在探讨袭警频发原因的座谈会上指出:公安机关的职责就是除暴安良,民警遭到袭击后不敢还击,不敢除暴,空谈和谐,怎能安良?

当然,警察暴力并不值得崇尚。对公安机关内部存在的滥用权力、滥用暴力、过度使用暴力的情形应该坚决查处,毫不留情。但绝对不能因个别公安机关或民警的一时一事的疏漏、过失而因噎废食,不能以法律的尊严和民警的鲜血为代价搞"刀枪入库"。

原因四:公安基层单位受到的牵制较多,少数领导患得患失,致使一些暴力抗法者得不到应有的惩处,助长了暴力抗法者的气焰。

其一,人情干扰。"案子进了门,双方都托人。"暴力抗法者见打惨了警察捅了娄子,自然会全力"公关"。于是,拥有案件审批权或财权的一些人有可能会"打招呼";掌握派出所长或公安局长官运的人也可能"打招呼";给经费拮据的派出所赞助过几万元的街道小领导或"大款"也可能"打招呼"。于是,有的暴力抗法案件就会不了了之。暴力抗法者气焰嚣张,以打惨了警察都没事而四处炫耀。

2002年7月,某地派出所两名民警遭不法分子暴力袭击,住院治疗。暴力袭警者是个建筑业大老板,很有钱,神通广大,只象征性地在看守所被刑拘十几天,就获得了自由。案件不了了之。遭打的民警很气愤,四处控告。民警被上司的上级找去谈话,受到"你们不服从命令不听指挥"的批评。

与此相反,某地发生的另一起群体性暴力抗法事件中,一伙村民将执行公务的派出所副所长等两人打伤。公安局长拍案而起,

晚上组织近百名警察将村子包围，抓捕涉案人员。少数不法分子继续暴力抗拒，民警毫不留情坚决拿下。该村恶人当道的局面彻底改变。暴力抗法的两个主犯在逃，公安局追捕不懈。后来，在逃主犯之一神通广大，竟疏通了关系要去当兵，来到派出所户政室办理身份证，没想到民警在户口底册上对所有在逃人员做了记号，这位在逃人员自投罗网，进了看守所。

其二，曲解上级公安机关严格管理警械枪支的规定，导致应该领用而不允许领用，民警出警或执行任务赤手空拳遭袭。一些公安基层单位领导为了"不出事"，宁愿让民警赤手空拳执法，宁愿让民警受点伤，只要"不出事"就好。归根到底是一种保乌纱心理。

原因五：对警察正当行使防卫权的行为存在苛求的现象。

目前，我国司法实践是把警察行使防卫权归入正当防卫的理论体系中，但这二者之间区别甚大。

其一，权利行使的主体不同。正当防卫权行使的主体是普通公民，而警察防卫权行使的主体只能是警察。

其二，权利的性质不同。正当防卫权只能是一种权利，而警察防卫权既是警察的权力，又是警察的职责和义务。1993年"两院三部"联合颁布的《关于人民警察执行职务中实行正当防卫的具体规定》中指出："人民警察在必须实行正当防卫行为的时候，放弃职守，致使公共财产、国家和人民利益遭受严重损失的，依法追究刑事责任。"

其三，权利行使的强度不同。普通公民的正当防卫以恰当制止不法侵害为限度。而警察使用国家专门配备的武器、警械，行使警察防卫权时威慑力更大。

其四，防卫过当后承担民事责任赔偿的主体不同。普通公民

## 第八章
### 暴力袭警时的处置措施

防卫过当，由该公民承担民事赔偿责任。而警察防卫过当后，只能由公安机关承担民事赔偿责任，因为警察的行为是职务行为。

某县公安局刑警丁某穿着便装携枪从西安乘个体营运公共汽车回县里的途中，发现有人以别的乘客踩了自己的脚为由，持刀从车前部向车后部挨个抢劫。坐在倒数第二排的他悄悄推弹上膛，思考对策。歹徒持刀向他要钱时，他掏出手枪亮明身份予以警告，未料歹徒将刀捅进他的腹部，他果断开枪击伤歹徒，持刀歹徒转身朝车门逃窜。这时躲藏在他后排的歹徒起身给他来了一个"锁喉"，他果断朝后开枪，击中了歹徒的脑袋，后排的歹徒毙命。他的肠子流了出来，鲜血喷涌。他命令司机将车开到派出所去，但司机听从了持刀歹徒"停车"的命令，停了车。瘫倒在座位上的民警朝门口的歹徒又开一枪，不幸击中站在门口的售票员。车门打开后，歹徒逃窜。

民警和售票员被送到医院抢救治疗。售票员的脾脏被击中，手术切除，县公安局后来赔偿给售票员6万元。而民警的命运是：上级有关部门认为，歹徒开始抢劫时他为什么不站出来和歹徒斗争？为什么歹徒抢到他时，他才亮明身份开枪？显然他只想保护自己的利益，因此精神境界不算高，不追究刑事责任，不宜表彰奖励。最终，他连立功受奖都没有评上，一大笔医药费只能自己认了。他惟一感到庆幸的是大难不死。

这就是苛求。假如一名持枪民警面对数名扑上来的持刀歹徒或持枪歹徒，我们苛求民警必须先朝天鸣枪警告，然后才能射击，而且要瞄准歹徒的非致命部位射击，否则，就是防卫过当，构成故意伤害犯罪，是否有些不切实际。战机和生存的机遇也许只有半秒，不是你死就是我活。对警察苛求，无异于拿警察的性命开玩笑。警察行使防卫权是否适当，必须综合现场各方面的情况来

判断。

当一线民警受到不公正的对待时,他们的内心如果产生悲伤、恐惧的心理,在危急关头,他们只好缩头缩脑,不愿为了维护法律的尊严而"逞能"了。

原因六:部分民警缺乏培训,缺乏自我保护意识和警惕性。

一些公安机关训练不足,部分民警执行出警、巡逻盘查任务时没有警惕性,大大咧咧,不懂得掩护配合,没有及时请求支援等。如果每次将盘查对象假定为持枪嫌疑人,民警将会始终保持主动,减少不必要的伤亡。

原因七:一些基层公安机关及其民警不善于运用法律武器向侵权的违法犯罪嫌疑人索赔。

对公诉案件涉案人员,民警不善于提起附带民事诉讼索赔经济损失。涉案人员砸坏警车造成财产损失的,公安机关一般只向财政部门申请拨款重配,常常没有提起附带民事诉讼的意识。不追究刑事责任的,公安机关或者民警不善于在诉讼时效内提起民事诉讼索赔经济损失,有的时过境迁想诉讼索赔时,早过了诉讼时效。

原因八:基层公安机关警力严重不足,出警或巡逻时人数过少,也是暴力抗法者有恃无恐的原因之一。

目前,不少基层公安机关因警力严重不足,出警或巡逻时人数一般为两人,甚至民警单枪匹马作战。而暴力抗法者若人数较多,或民警没有携带武器警械或不敢使用武器警械时,容易形成暴力抗法,导致民警频频伤亡。

受袭民警的泪不能白流,血不能白淌。在警用装备方面,各级公安机关配备有一定数量各类驱逐性、制服性、约束性警械和警用武器,民警依法执行职务有物质保障。根据《中华人民共和国人民警察使用警械和武器条例》中的规定，对于暴力抗拒、阻碍人民警察依法履行职责，袭击人民警察的行为，法律不允许，人民群众也不答应，公安机关决不会坐视不管，任其发展，警方将坚决依照法律赋予的使用警械武器的权限，正确使用武器，果断使用警械武器，对挑衅法律权威的行为严惩不贷。

对于民警如何正确果断使用警械武器，警方正在研究对策，制定相关规定。同时，警方还通过学习班、会议组织民警讨论袭警案件，组织民警学习人民警察法中关于警械武器的使用规定，加强这一方面的学习和训练，特别教育民警在文明公正执法基础上要加强自我防范和自我保护意识，教育民警要正确果断使用警械武器，加大对警械武器的使用力度和配备力度，力争在人民警察保护性装备上有所突破。

在探讨民警遭袭原因的座谈会上，一些人大代表、政协委员提出：建议修改刑法，增设"袭警罪"。2003年3月，曾有30多位全国人大代表联名，建议修改刑法，增设"袭警罪"。认为目前处罚袭警行为依据的罪名是"妨碍公务罪"，处三年以下有期徒刑、拘役、管制或者罚金，量刑明显过轻；暴力伤害、杀害民警的行为后果，只能以普通的故意伤害或故意杀人罪论处。而单独设立这一罪名，能凸现人民警察的特殊执法身份与地位，加大法律对不法实力和不法分子的震慑作用。

尽快制定《人民警察使用警械和武器条例实施细则》，对人民警察可以使用警械或武器的具体情形或前提条件加以规定；对人民警察盘查、查验证件时的规范用语、行为方式、被盘查人应遵守的行为方式加以规定。尽快制定《人民警察值勤装备配置和值勤战术规定》，对人民警察出警、巡逻盘查时应携带的警械武器加以规定；对值勤战术加以规定，建立人民警察执法权益保障机

制。公安机关要成立专门的警察权益保障机构。敦促有关部门及时打击处理暴力抗法涉案人员；接受受害民警或受害公安机关的委托，办理民事诉讼、自诉或附带民事诉讼事宜，向暴力抗法涉案人员索赔，办理受害民警抚恤事宜。

**【袭警案例】**

2009年5月28日下午16点左右，银川兴庆区北京东路在水一方D区发生一起60多人传销团伙暴力袭警事件。

事情发生前，一家小区内的业主报警，说是和承租人因住房押金发生纠纷，请求"110"出面处理。派出所民警接警后到该小区楼上了解情况时，被该小区内二三十个人的一伙传销人员围堵到房子内殴打。无奈之下民警撤退到楼下，传销人员也追逐警察至楼下。当时这伙传销人员正在搬家，单元楼下堆积着很多物品。这伙人用楼下放置的钢勺，铁铲，菜刀，木棒等物袭警。小区内人看到警察被打后再次报警，第二批支援来的警察刚进小区门就被又一伙传销人员围堵到小区院内。当时有两个警察被这伙疯狂至极的传销人员打倒在地，几个警察头部被这伙恶人用棍子打破，大多数警察身上被这伙传销人员打了不下二十下，身上头上到处是伤。小区居民和保安第三次报警，大约40分钟后，先后来了6辆警车，但传销人员依然把警察围堵到小区大门口，并将小区内保安室玻璃、电动伸缩门显示屏、大理石桌等物品砸坏……警方冷静处置，慢慢控制住了情势，把几个挑头闹事的传销人员控制带走，其余闹事人员才逐渐散去。

**【案例点评】**

1. 民警接报警，处理因住房押金发生纠纷，被小区内二三十个人的一伙传销人员围堵到房子内殴打。民警在处理前应观察形势，选择合理位置随时准备撤离，避免被突然袭击。

2. 第二批支援来的警察刚进小区门就被又一伙传销人员围堵到小区院内进行围攻。支援警力准备不足，明知有多人袭警，事先没有充分准备，贸然进入，导致被多人围攻。

3. 第三批支援警力，人员充足，准备充分，先把几个挑头闹事的传销人员控制带走，逐步控制局势。

## 二、犯罪嫌疑人用凶器袭击警察的防范

当距离较近时，警察应立即躲闪或用双手隔挡其持械手臂，避开对方最凶猛的第一攻击，向侧方向跑开，在跑动中拔枪控制住凶犯。如果其疯狂反抗，直接威胁到警察生命安全时，应果断射击，将其击伤或击毙。如果没带枪支则应继续拉大与凶犯的距离，给带枪同伴创造射击的条件。如果擒拿技术过硬，可直接抓住其持械的手臂将其制服。

当距离较远时，可迅速转身向后跑，在跑动中拔枪反身控制凶犯。没带枪时，在与之拉大距离的同时设法就地取材拾起任何可以与凶犯搏斗的器具与之搏斗。搏斗中，警察要虚张声势，大声呼喊，给凶犯制造心理压力，使其不敢恋战。同时，还能引起周围群众的注意，求得群众或警察的支援将凶犯擒获。

**【袭警案例】**

2010年6月4日12时38分，韩城市公安局新城派出所接到市民梁某报警：前几天盗窃自己摩托车的犯罪嫌疑人出现在新城阳光超市门口，要求出警进行抓捕。接到报警后，值班民警张红武、王平顺迅速带领警察赶到阳光超市门口后，发现犯罪嫌疑人已逃离。遂与报案人梁某乘车沿街搜寻，在商业大厦门口发现了3名犯罪嫌疑人，立即分组进行抓捕，在当场抓获的两名犯罪嫌疑人张耀锋、王伟身上，缴获假警官证、匕首和用于盗窃摩托车的T形锥。但是，在抓捕犯罪嫌疑人张耀锋的过程中，王平顺与

梁某被张耀锋用匕首刺伤，后送至韩城市人民医院进行抢救。事件发生后，韩城市主要领导和公安局领导等立即赶赴医院，组织医护人员全力对王平顺及梁某进行抢救，并组织警力对另一名犯罪嫌疑人进行抓捕。由于伤势过重，现年32岁的王平顺经全力抢救无效壮烈牺牲。

**【案例点评】**

1. 民警接到报警后出警对犯罪嫌疑人进行抓捕，发现犯罪嫌疑人后立即进行抓捕，但民警被扎伤牺牲。民警在抓捕时，应对抓捕时机进行分析，尽量突然袭击，打犯罪嫌疑人措手不及。避免与犯罪嫌疑人正面冲突，用最小代价换取胜利。

2. 当民警与持刀犯罪嫌疑人正面冲突时不能猛冲猛打，应保持安全距离，有策略的实施自我保护，找机会夺刀。

### 三、犯罪嫌疑人持枪袭击警察的防范

当距离较近时，我方应立即伸手抓住其持枪手臂，并将枪口射线远离自己的身体，而后用膝猛击犯罪嫌疑人裆部、腹部，趁其疼痛之时，将其制服，如果有同伴在场，则应死死握住其持枪手臂，并用力上举，为同伴上前援助创造条件和时机。

当距离较远时，警察应迅速屈膝弯腰、蹲下或卧倒以缩小身体被击中的面积。同时，躲闪、滚动离开原地以减小被击中的可能并马上拔枪；警察持枪在手，应迅速判明情况连续向凶犯射击，进行火力压制为自己或同伴的隐蔽和调整射击姿势创造时机。警察躲在隐蔽物后应与同伴对凶犯位置实施交叉火力，以较准确的射击击中凶犯。如果没带枪支则应利用地形、地物隐蔽自己并迅速退出凶犯火力杀伤区，确保自身安全。

总之，警察在执法过程中，可能会遇到各种突发的情况，只要警察训练有素且保持高度的警惕性，加强对犯罪嫌疑人的控制，

并采取正确的技术和战术方法，就能最大限度防止袭警事件的发生，有效地保护自身的生命安全。

**【袭警案例】**❶

东莞警方破获一起持枪伤害案，抓获犯罪嫌疑人2名，缴获手枪1支，子弹7发。另一犯罪嫌疑人持枪拒捕，在向民警连开十几枪后伺机逃脱。

## 酒店内擒下两疑犯

据东莞警方称，2002年12月23日凌晨2时许，东莞市中堂镇发生一起持枪伤害案件，受害者黎某驾驶一辆银灰色小汽车，行至107国道中堂镇新鹤田村路段时被两辆小车前后夹击，从车上下来数名男子，开枪将事主黎某击伤，之后案犯迅速逃离现场。

案发后，东莞警方迅速抽调精干警力成立专案组，展开侦查。专案组经过勘察现场、走访、查看视频，发现部分犯罪嫌疑人匿藏在中堂镇东泊村某酒店502房，另一部分匿藏在高埗镇振兴路某出租屋。专案组立即组织特警、刑警组成抓捕组进行抓捕。

8时30分，抓捕组在高埗镇振兴路某出租屋楼下对犯罪嫌疑人实施抓捕，遭到犯罪嫌疑人持枪拒捕，向民警连开十几枪。当时嫌疑人拿着一把像"来福"的长枪，从车窗内伸出来，朝前面堵截的一辆商务车开枪，嘴里还在大声地说"来呀，有种的来呀，老子一枪轰死你们"，边开枪边上子弹，一连开了十多枪。一辆粤A牌的黑色小车突然停在旁边，巷子口一辆小车堵住了黑色小车的退路，前面一辆商务车堵住了黑色小车的去路。黑色小车内的男子拿枪就朝前面的商务车连开了十几枪。然后，开车向前面的商务车冲了过去。接着就有便衣和治安员赶到。抓捕组民警为确

---

❶ http://news.sina.com.cn/c/2011-10-26/2223641.shtml.

保附近群众安全，立即疏散群众，封控现场，对犯罪嫌疑人进行全面围控，最后犯罪嫌疑人迫于压力，放弃抵抗，被警方抓获。

当晚，中堂抓捕组在中堂东泊村某酒店 502 房抓获犯罪嫌疑人彭某、樊某，在房间缴获手枪 1 支、子弹 7 发，彭某、樊某对持枪伤害黎某的犯罪事实供认不讳。

**【案例点评】**

1. 应变及时、抓捕方案准备充分。抓捕组民警对嫌疑人抓捕时，遭到持枪嫌疑人的抵抗并开枪袭警，民警没有急于进攻而是将其围在中央，最后嫌疑人主动投降。

2. 多头出击，成功抓获嫌疑人。对出租屋与中堂的抓捕行动，有秩序的开展，行动实施完整。

**四、缉捕行动中袭警事件的防范**

（一）隐蔽接近缉捕目标

在突袭抓捕中，应隐蔽接近缉捕目标，突然采取行动，这样能够减弱缉捕目标的反抗能力和反抗手段，提高行动的安全性和防护性。缉捕时应利用便衣伪装，巧妙化装，隐蔽接近缉捕目标；或利用现场的地形、地物等环境条件将自己隐藏起来，当缉捕目标靠近时再进行抓捕。如果在夜间进行缉捕活动，应充分利用夜幕的掩护接近目标。如果现场有灯光，则应使自己处于灯光照射不到的阴影中，这样有利于隐蔽和接近。接近中应注意不要发出声响以防惊动缉捕目标。

（二）行动突然，方法得当，快速制服

在抓捕行动中，一般应采用由后擒对方技术制服缉捕目标，且发起行动，技术要熟练，力量要大，动作连接要快，不给缉捕目标有反应和喘息的机会，争取一招制对方。在制服缉捕目标过程中，要特别注意加强对其手臂的控制，应多用擒拿技术，少用踢打手段，牢牢将其控制住，并迅速上铐并进行人身检查。同伴之间配合要默契，由一人实施擒拿技术制服，另一人迅速控制其双手并上铐。

在追捕犯罪嫌疑人时，警察追上后，应位于其身体右侧，猛力用手推其肩背部或用脚勾绊，端其小腿，将其摔倒后再施以擒拿技术，而不能在追上时，抓其肩部，防止其突然转身用凶器袭击警察。

**【抓捕嫌疑人案例】**

犯罪嫌疑人肖某气焰嚣张，流窜至陕西、河北、山西三省频繁作案，猖狂盗窃汽车、保险柜、金银首饰、古玩字画……。自认为一天干一桩有些多，两天干一桩有些少，遇到民警盘查竟持枪射击。

临汾市尧都区公安局紧急调集刑警、警察、派出所等警种50余人的专案队伍，经过缜密摸排，周密部署，布下天罗地网，不到一天时间，就成功将持枪袭警的跨省大盗肖某擒获。

### 警情就是命令

2009年5月30日晚22时许，临汾市尧都区公安局接到市公安局指令，山西省公安厅通报，河北省井陉县民警在对过往车辆盘查中，发现一辆由3名男子驾驶的可疑车辆，进一步检查时，车中一男子突然拿出手枪向民警射击。案发后1名犯罪嫌疑人逃往尧都区，要求迅速组织警力布控抓捕。

警情就是命令。谢庆军局长、分管副局长牛振林立即做出周密部署，调集刑警、防爆警察和派出所等警种精干民警，组成专案组，全力开展侦查、抓捕工作。

根据前期排查工作情况，专案民警分组围绕嫌犯可能出没的区域展开紧急摸排，一组民警在三元小区发现了嫌疑人驾驶的本

田轿车，经侦查，在车内发现一张当日下午 5 时许在家乐福超市的购物小票，办案民警连夜调取了超市该时间段的视频监控，反复地查找与嫌疑人吻合的人员情况，另一组民警找到与嫌疑人有过接触的张某，结合监控资料进行辨认，最终锁定了犯罪嫌疑人。

时间一分分过去，早一刻抓获犯罪嫌疑人就有可能使人民群众的生命财产安全少一份危险。

### 收网实施抓捕

犯罪嫌疑人基本信息不明，前科情况不清，穷凶极恶且携带枪支，给抓捕带来了困难。专案组立即组织抓捕经验丰富的民警对嫌疑人居住的小区环境及建筑物结构布局认真勘察、分析研究，制定了周密的抓捕预案，同时派出三个小组连夜对犯罪嫌疑人的住所及周围进行严密控制，防止犯罪嫌疑人脱逃，随时准备实施抓捕。

凌晨 7 时，抓捕组按照既定方案全部进入了伏击点，形成了对犯罪嫌疑人铁壁合围，静心等待犯罪嫌疑人出现实施抓捕。9 时 14 分，犯罪嫌疑人终于出现在埋伏的民警视线内，面对胆大凶残的嫌疑人，抓捕民警全然忘记了个人安危，以迅雷不及掩耳之势扑向犯罪嫌疑人，闪电般地将持枪袭警、抢劫盗窃犯擒获。面对从天而降的尧都民警，肖某说："你们可是立大功了"。

**【案例点评】**

1. 抓捕前期工作准备充分，对犯罪嫌疑人居住的小区环境及建筑物结构布局认真勘察、分析研究，制定周密的抓捕预案。同时派出三个小组连夜对犯罪嫌疑人的住所及周围进行严密控制，防止犯罪嫌疑人脱逃，随时准备实施抓捕。

2. 抓捕现场选择合理。抓捕组按照既定方案全部进入了伏击点，形成了对犯罪嫌疑人铁壁合围，静心等待犯罪嫌疑人出现实施抓捕。

3. 抓捕动作干净利索。抓捕民警以迅雷不及掩耳之势扑向犯罪嫌疑人，闪电般地将重大逃犯肖某擒获。

**五、车辆查控中袭警事件的预防**

（一）嫌疑车辆被截停后的处置

警察应保持高度的警惕性，把手放在枪柄上，随时做好拔枪的准备，在嫌疑车辆的左前方、左后方和右侧监控车内人员，再命令司机熄火，拔出车钥匙拿在手中，同时命令车内人员不要乱动，将车窗撬下，司机把手放在方向盘上，副驾驶座的乘客把手放在仪表盘台面上，后排座乘客把手放在车座背上，使警察能看见犯罪嫌疑人的双手，防止其突然掏取武器袭击警察。如果是查暴力犯罪嫌疑人，警察应利用车辆或地形、地物掩护好自己并用枪对准嫌疑人，再命令车内人员不要乱动，司机熄火拔出车钥匙控制其下车。

（二）接近嫌疑车辆

在其他警察监控或掩护下，盘查警察从车辆左后方接近，并利用车窗由后向前观察车内情况。接近时，掩护警察应随时调整角度使盘查警察处于安全范围。接近的位置在车辆左前侧车门的侧后方约1米处以防止司机突然推开车门撞击警察。

（三）盘查

警察应令嫌疑人用左手取证件，并提示其放慢动作，并用右手递给警察。在接取证件时，警察应盯住其双手动作。

（四）控制嫌疑人下车

当证实涉嫌人员确有重大犯罪嫌疑时，应迅速出枪控制，并命令司机左手伸出车窗，从外面打开车门，右手也伸出车窗，然后再慢慢下车。下车后令其高举双手，原地慢慢转一圈以观察其腰都是否藏有武器、凶器。再令其后退到缉捕组人员控制区，实施跪地式或卧地式人身检查，将其擒获。车内还有其他人员时，应逐个控制下车，并令其都从司机一侧车门下车，这样有利于警察进行监控和抓捕。防止犯罪嫌疑人利用让其同时下车时制造混乱，袭警逃脱。

（五）清理检查车辆

检查后备厢时，应令司机将后备箱打开，掀开一条缝后退后2米，由警察进行检查，而不能让其把后备箱完全打开，防止其突然取出武器袭击警察。

**【嫌疑人持枪袭警案例】**

2005年2月26日，交警刘某和朱某在清远市佛岗县龙山镇西边村检查一辆可疑无牌三菱小轿车时，被三菱车上两名男子连击三枪，朱某左胸部中弹，暂未脱离生命危险。通过翻看协管员拍摄的案发照片，确认两名枪击男子是广州市花都区网上通缉案犯。

**巡逻发现可疑三菱车**

据当事交警刘某回忆，2月26日下午3时，轮到他和朱某值班，负责春运路面例行巡逻。以往每次巡逻，都是一名交警带着两名协管员，由于另外一名同事生病请假，刘某带着朱某坐上警车，从佛冈学田中队出车开始巡逻。刘某沿着交通繁忙的106国道往龙口方向慢行，沿途观察过往车辆，并对可疑车辆进行检查。

当天下午4时许，106国道清远路口，刘某从警车的后视镜里看到车后方三四十米远位置，一辆黑色三菱小轿车前面无车牌。刘某觉得可疑，打开车窗让朱某向外招手，示意三菱小轿车停下。朱某挥了五六次手，三菱车司机视而不见。刘某让朱某拿出警车里的喇叭，朝三菱小轿车喊话，但三菱车根本不理会，并突然加速超过警车，快速驶离。

# 第八章
### 暴力袭警时的处置措施

## 鸣警笛狂追两千米

刘某说,他拉响警笛,紧跟在三菱车后面,沿路朱某一直在用喇叭叫喊三菱车停车。由于刘某追得紧,三菱车司机似乎有些紧张。在106国道花基出口时,三菱车又疯狂窜到逆行车道,想借机逃离。三菱车逆行狂奔,刘某紧追不舍。三菱车跑出快一公里时,转向驶向学田街路口。刘某心想只要咬住,对方一定逃脱不了。三菱车又跑出400多米,转向西边村村道。最后一次,朱某向三菱车司机呼喊让其停下。没想到在逃窜了2公里后,三菱车突然停在西边村三岔路路口。

三菱车停下后,从司机位走下一名男子,接着副驾驶位又下来一名男子。为安全起见,刘某将警车停在三菱车后五六米远处,摇下驾驶室车窗向外观察。路边有丢弃的碗口粗、两米多长的木棍,三菱车司机拾起后朝坐在驾驶位的刘某砸了过来,被刘某用手推开,人车未伤。这时坐在三菱车副驾驶位置的另一名男子下车,站在扔木棍男子的身后2米远处。朱某见对方袭警,立即掏出手机向对方拍照取证。就在此刻,刘某看到三菱车司机将手伸进裤子里,掏出一把银色的仿真六四式手枪。野战兵出身的刘某反应机灵,判断对方掏枪子弹上膛开保险需要十多秒钟,他抓住这难得的空隙,打开驾驶门躲到警车后面。"砰"的一声,枪响了。刘某看到男子手枪是对准他的,但幸好没有被击中。不到3秒,接着又是一声枪响。"快躲起来",刘某看到三菱车上另一名男子又拿起一根木棍砸向朱某,催促他赶快躲起来。协管员躲闪时胸口中枪。刘某看到三菱车司机朝他连开两枪,跟朱某说快跑。刘某和朱某几乎同时发力,一起奋力往西边村南面公路方向冲过去。两人跑出十米远,刘某朝身后看了一眼,发现三菱车副驾位置的男子也掏出一把仿真六四式手枪,同样是银色,正对着他和

165

朱某瞄准。

"砰",第三声枪响。这时刘某听到朱某对他说"中枪了"。"中枪了也得跑,跑出25米外手枪命中率会差很多,50米外咱们就能得救",刘某一边跑一边朝朱某喊,让他一定要挺住,"我们身上没有枪,没有还击的能力,要是被对方追上肯定会被杀了灭口"。

跑出50米远后,刘某才有机会拿出手机报警,并将自己的遭遇向中队领导报告。刘某说,朱某带伤坚持跑了100米,之后两人终于踏上了与西边村道交界的公路,这时正好有两辆摩托车停在路边拉客。"师傅快送我们去医院",身穿警服的刘某和朱某一人乘坐一辆摩的,直接奔向龙山医院。离开事发现场时,刘某朝后面看了一眼,发现枪击两名男子悠然上车,驾车驶向西边村。刘某说,摩托走了几米远,就看到一辆警车赶到支援。民警被送到广州军区陆军总医院抢救,经手术后恢复较好。

【案例点评】

1. 民警在驾车巡逻时发现可疑车辆,利用手势、喊话命令可疑车辆停车,但嫌疑车根本不理会,并突然加速超过警车,快速驶离。民警拉响警报进行追赶,嫌疑车快速逃离。这时民警应该对形势进行初步判断,嫌疑车内的驾驶员肯定有重大嫌疑。民警只有两人,应迅速向本单位求援,而民警只顾追赶嫌疑车辆失去一次求援的良机。

2. 嫌疑车辆停车后,刘某将警车停在三菱车后五六米远处,在驾驶室内向外观察,嫌疑车司机下车后用木棍袭击警察,被民警推开。当协管员用手机取证时,犯罪嫌疑人取出手枪向警察开枪,幸亏民警有当兵经历,迅速躲避才没有受伤。当嫌疑人停车后拾起棍棒有袭警企图时,民警应迅速撤离并向本单位求援,民警失去第二次求援良机。

3. 当嫌疑人向民警开枪时，民警指挥协管员立即躲避并迅速撤退，撤退时有意识绕弯跑，以躲避子弹，反映出警察有一定战术意识，为安全撤离奠定基础。

**六、搜索建筑物袭警事件的预防**

（一）选择进入点

搜索警察进入建筑物前，应选择较为安全的进入点，当犯罪嫌疑人所处的位置已明确时，应选择其视线的死角或盲区进入，可避免犯罪嫌疑人开枪袭警，保证警察安全进入。当犯罪嫌疑人位置不明确时，应选择其意想不到的出入口进入，如楼顶、阳台、窗户等。

（二）搜索楼道

搜索警察应成两路纵队，靠近墙壁并按前后左右划分的警戒区，双手持枪，随时防备来自各方向的袭击。移动时，要以交叉掩护的形式压低身体前进并利用楼道中的凹陷处和堆集物隐蔽自己。在通过危险地段时，要采用单个跃进方法掩护前进，任何一名警察在没有他人掩护的情况下都不应随意移动以防止遭到袭击。搜索中遇有拐角处，应采用快速窥视法观察后在通过，具体方法是以双脚撑着地的姿势蹲下，紧贴墙壁，双腿分开，以保持身体低位，手掌撑住墙壁，以保持身体平衡，然后把重心移动到靠近拐角的那只脚上，以最快速度将头伸出拐角并缩回来。这样既能观察到情况，又能在犯罪嫌疑人做出开枪反应之前将头缩回确保自身安全。此外，在移动中动作要轻，尽可能减少人员走动发出的声响。警察要交流时，应打手势或暗号。同时还要注意光源，影子不要映在窗户上，地面上的影子也要注意调整，以防止被犯罪嫌疑人察觉而突然袭击。

### (三) 搜索楼梯

警察应成一路纵队，并拉开一定距离，避免人员过分集中。否则，如果犯罪嫌疑人突然开枪袭警，极易造成警察的伤亡。警察要先占据控制的位置，再依次逐个交替掩护前进。移动时要靠墙前进，始终将枪口对准逐渐扩大的控制区或楼梯上方犯罪嫌疑人可能出现的位置。后面的警察超越时，应从掩护警察的后面通过或由前低姿经过，以免挡住视线和枪口射线。

### (四) 搜索房间

接近房门时，不能使身体暴露在门的前面，防止犯罪嫌疑人从房间内向门外开枪而击中警察。通过房门时，应以低于门把手的高度快速经过房门到达另一侧。开门时应在保持随时可以开枪的姿势并使身体致命部位不暴露的条件下，伸出非持枪的手去开门。门是向里开时，位于门把手一侧的警察用力将门推开，使门以最大力量撞倒在门后面的墙上，以探明犯罪嫌疑人是否藏在门后面。开门之后警察不要贸然进入，应用快速窥视法先观察室内的布局和结构及犯罪嫌疑人可能隐藏的部位。此外，进门前还可做佯攻动作，如向室内扔帽子等物品，以牵制犯罪嫌疑人的注意力和火力，使其视线从门口移开一段时间，以便警察安全进入。进入房间应根据门及警察的站位情况，灵活采用以下三种方法：第一种是交叉法，两名警察从门的两侧依次斜跨入房间，并立即控制各自前方，这种方法运用于较窄的门。第二种是背绕法，两名警察分别从门侧绕进门内，并控制各自前方，这种方法适用于比较宽的房门。第三种是交叉背绕法，适用于警察处于房门一侧时。一名警察斜冲进去，另一名警察背绕过去，控制整个房间。无论采用哪种进入方法，都应保持身体低姿以缩小目标；或一人保持低姿，另一人保持高姿，这样可以产生单人剪影效果，不但缩小目标还可以同时发挥两人的火力。

进入房间后警察要背靠墙，以减少被攻击面。几名警察进入房间时，每次应由一名警察进行搜索，其他警察在原地实施掩护。搜索时应沿墙壁移动，并利用墙角观察，利用家具等隐蔽身体，以减少身体的暴露面。当发现搜索目标时，应立即躲在隐蔽物后，并用枪控制目标，在向其发出命令，经缴械后再抓捕。

**【抓捕持枪嫌疑人案例】**

2008年10月21日上午，民警穆某接到一项抓捕任务：10年前，陕西省西安市杀人嫌犯李水清，被警方抓获后袭警逃脱；多方信息表明，该嫌犯目前藏匿在漯河市区八一路某小区。必须高度警觉的是，李水清身上有手枪，抓捕民警和附近群众的安全要万无一失。

当日，漯河市刑警支队和顺河街派出所成立了专案组，兵分三路张开大网。穆某派出的两个中队的8个民警，在八一路某小区七拐八拐，终于摸清了李水清的租房处。两天来，由于李水清所租房位于居民密集区，为免伤及群众，只好严密监视起来，决定"引蛇出洞"后再伺机在较僻静处收网。

10月24日中午12点多，正在107国道路口修车的李水清，瞬间被悄然围拢到身边的漯河市多路民警扑倒。李水清拼命反抗，穆某等民警死死将其摁倒，直到彻底控制住李水清，从其身上未发现枪弹后，民警一直提在嗓子眼上的紧张劲儿才松懈下来。

随后，在李水清租住的厨房阁楼顶棚上，民警取下用一块毡布紧包的东西。打开一看：一把"六四"式手枪崭新油亮，一个弹夹和4颗子弹锃亮闪光。

**【案例点评】**

1. 情报主导，正确制定抓捕预案。警方通过缜密侦察与情报

信息收集，了解到嫌疑人居住的具体位置、携带的有枪等信息。制定了明确的抓捕方案，即免伤及无关群众，严密监视，决定"引蛇出洞"后再伺机在较僻静处进行抓捕，为成功抓捕犯罪嫌疑人奠定基础。

2. 在监视控制 3 天后，警方终于等到犯罪嫌疑人出现在偏僻的地方，民警秘密接近犯罪嫌疑人，迅速使用抓捕动作将对方制服，显示出良好的抓捕技能与丰富的抓捕经验。

3. 及时收集证据，为抓捕后期工作做好准备。在嫌疑人租住房屋里，发现一把"六四"式手枪和 4 发子弹。

**七、处置团伙殴斗的袭警预防**

在处理团伙殴斗时，警察的声音语调和态度、姿势等都很重要。警察高举着快速挥舞的警棍大声喊叫着冲进团伙殴斗的人群中，很可能直接制止殴斗。许多参加殴斗的人都是迫于团伙压力，实际上团伙成员大都怕死，有警察冲进破坏殴斗，他们心里反而会很高兴，停止了殴斗又不失面子。参加殴斗的团伙成员向警察报警的也很普遍，告诉警察殴斗的时间和地点，希望警察前来破坏掉殴斗。警察处置团伙殴斗时，先要知道有无其他警察共同去处置，要了解斗殴者有无武器。尽管单个警察能够从责任区很快赶到现场，但一个人很少能制止住团伙殴斗。单个警察处警时，应先快速往现场赶去，距离现场几条街时再慢下来，最好的策略是把警笛声音开到最大，慢慢向前走。这样的结果是，团伙殴斗可能受惊吓而散去，正常的秩序得以恢复，而这也正符合警察的职责，警察自身的安全也得到了保障。如果单个警察到现场后，殴斗还在继续，最好将车停在一个不太显眼的地方，等待其他警察到来的同时，观察谁是团伙殴斗的指挥者，用报话机向警察指挥部门报告现场形势的严重程度，对是否使用警犬和催泪弹等提出建议，注意确认周围是否有过后可询问的证人。

【袭警案例】❶

### 儋州"7.4"袭警案

2005年7月4日，儋州兰洋镇上番开村发生一起暴力袭警案。因该村搞封建迷信，驱鬼洗村，不满外人进村，目无法纪，非法扣留外来人车辆并勒索钱财，有关单位多次做工作未果，为将车辆取回，4日中午，儋州警方出动33人协调取车，在警方执法返回途中突遭不法分子袭击，造成20名公安干警和7名边防官兵受伤，其中，2名干警致残。

"7.4"暴力袭警案震动了全省，惊动了中央，给当地社会治安造成极其恶劣的影响。原公安部周永康部长做出重要批示"要坚决从严、从快打黑除暴，惩罚罪犯"。

### 百名警力星夜进村搜捕

经有关部门研究部署，决定由儋州市公安局、儋州公安边防支队及武警海口市支队、武警儋州市中队100多名警力联合行动，于7月12日19时30分对上番开村采取大围捕行动，及时将隐藏的案犯抓捕归案，绳之以法。

武警海口市支队接受任务后，及时请示总队，并指派有抓捕经验的副指挥长李世平带领中队官兵担负该任务。开进前，总队前线指挥部副指挥长周运彪提出了具体要求，并全程监听指导整个抓捕过程。

18时，儋州市公安机关采取"边集结，边研究部署"的办法，先后调动100余名警力参与抓捕行动。海口市支队驻训前指接到市局请求后，经请示总队同意于17时40分派出兵力提前到

---

❶ http://news.china.com.cn/node_7108470.htm.

达市公安局大院集结。根据任务特点和周围地形，市局及时对战斗方案进行了研究部署。

18时30分，任务明确后，公安机关统一编组，成一路纵队，迅速向目的地开进。19时05分，到达目的地上番开村。

### 黑暗中嫌犯砖头砸武警

19时10分，在担负外围封控任务的小分队，迅速完成对整个村庄严密立体封控的同时，武警参战官兵分3个抓捕小组，在公安干警的带领下，迅速从村中间一线插入，在公安干警的指认下，逐门逐户对犯罪嫌疑人进行搜捕。

当武警进入骨干分子陈某的家时，其老婆、母亲大喊大叫冲上前死死抓着武警，陈某趁机逃路。两名武警战士迅速冲上去抓陈某，将陈某衣服拉下，陈某趁机跑进村外的树林中，3个抓捕小组的人员追进树林，一名战士一个"跃起前扑"，将陈某拉倒，陈某刚要爬起来，战士一个"卡喉别臂"将其按倒在地制服。

一个参与暴力袭警的30多岁妇女面对参战官兵大哭大闹，她从房子里冲出，钻进房边的杂树丛里。几个战友冲进去，将其拉出来。她大喊大闹，当她从被警方控制的不法分子陈某身边路过时，陈某突然从地上捡起一砖头打向民警，旁边的一名年轻官兵眼疾手快将陈某按住制服。

在抓捕工作进展到一半的时候，参战官兵发现一个骨干分子的家门已上锁。经询问，邻居说主人搬走了。一个年轻武警战士绕到屋后，在窗户前观察，发现屋内一片漆黑，再仔细听发现里面有声音。"屋里有人！"参战官兵迅速将房屋包围，经向带队领导请示后，3个小组破门而入，房间内一片漆黑，官兵带着手电，分别搜查3个房间，最后，官兵发现一名犯罪嫌疑人藏在床底下，死死地抓着床腿不出来，官兵将木床搬开，将其抓获。

## 两名主犯房中喝酒落网

据线人举报,有多名"7.4"袭警事件的骨干分子聚结在南丰镇大平山一独立房内喝酒,儋州市局立即请求海口市支队驻训的部队派兵协助抓捕。

20 时 30 分,部队先后到达集结地南丰镇派出所,与公安干警汇合后,立即驱车前往抓捕地。在行进路途中,官兵根据公安机关的案情和环境介绍,认真研究了抓捕方案,他们将人员划分为围控、警戒和抓捕 3 个小组,并明确了有关责任和协同方法。车抖动得厉害,参战官兵手握钢枪,空气似乎凝结了,车内很静。路越来越难行了,飞土横扫,已看不到前方的路了,司机小范双眼死盯着前方。车内的官兵和公安民警检查枪支弹药,他们都很清楚,不法分子知道自己的罪责难逃,肯定会负隅顽抗,这是一场恶战。

20 时 50 分,在距离犯罪嫌疑人聚集的独立房约 2.5 公里处,指挥员将车熄灯,参战官兵迅速下车,徒步行进上山,隐蔽接近抓捕地。山路越来越窄了,而且崎岖不平,两边是比人还高的草丛和灌木,参战官兵为了隐蔽,没有打开照明设施,深一脚、浅一脚的艰难行进。

20 时 55 分参战官兵与先头侦察人员会合后,立即对独立房实施严密封控,抓捕小组准备采取"突袭抓捕、攻其不备、破门而入"的方案。方案确定后,李副参谋长对各小组长下达了出击命令。参战官兵闪电行动,直奔山中小屋,说时迟,那时快,未等 2 名犯罪嫌疑人回过神来,便被参战官兵擒住控制,其他官兵迅速对周围草丛和灌木进行了搜查,在未发现异常情况后,立即将犯罪嫌疑人带离现场,并将其移交给公安人员处理。

**【案例点评】**

1. 进行大规模搜捕行动时，要有统一协调指挥。由总指挥对参战民警进行明确分工，确定小组负责人后，明确每个人的职责与任务，这样在行动过程中才能高效率完成任务。

2. 在搜捕过程中由于参与行动单位多、人员多，而且大部分突袭搜捕行动在夜间进行，所以参展人员要佩戴统一标示，例如在左臂绑上一块白布，以便识别。

3. 搜捕过程中，抓捕人员较多，要注意对已抓获人员的看押，防止其乘乱逃跑。

## 八、群体骚乱的现场袭警防范

任何群体活动如失去控制都可能演变成群体骚乱，造成财产损失甚至重大的人身伤亡，即使合法的群体活动如运动会、巡游等也要正确引导和有效控制。警察部门应制定好预案处理群体骚乱事件，使财产损失和人员伤亡减少到最低限度，必须事先布置好足够的预备力量。警察在事发前、事发中及事发后的责任及采取什么行动，取决于事件的进展程度。在群体骚乱预谋和即将发生时，警察的职责很明确，就是对非法集会者予以预防、堵截、驱散，防止其他群众进入聚集区域，拘留非法召集、组织者和有其他违法行为者。

在一些场合，可以事先预测非法聚会和暴乱的规模，事发前的有规律的倾向表现有可能帮助我们预测违法事件的大小。即将发生骚乱的危险征兆有：帮派冲突和团伙的加剧，针对私有财产的威胁和攻击的增多，对权威部门的蔑视更明显，易发暴力事件的增加，有关警察滥用权力和辱骂虐待犯人谣言的广泛散布，在公私事件中小型骚乱频繁等。心理因素也会影响到非法聚会参加者，除了可以确定的领导人外，团伙成员一般不具有明确的违法目的和与社会对抗的坚定信念。团伙内的行为和意识具有传染性，少数人鼓动的非法行为可能很快影响到其他团伙成员，这也是骚乱应该尽早制止的原因所在。

暴力骚乱经常分三个阶段：

第一阶段，人群聚集，但仅仅是多个人混合在一起；

第二阶段，人群逐渐削弱个性观点，在领导人的宣传鼓动下，思想认识开始趋向一致；

第三阶段，人群成为一个统一意识统一行动的整体并在领导人的控制之下。

有经验的警察不会在各个阶段采取相同的处理手段，因为有时群众只是暂时地不冷静。警察在第三阶段的行动应坚决果断，必须准确估计形势，集合充足的警力，在必要的情况下，指挥官下达命令，警察立即驱散人群。把大规模的人群分成小型的容易控制的群体，有利于减轻谣言对部分参加者的影响，然后要鼓励没有违法犯罪意图的人离开该区域。

围堵和驱散人群是终止骚乱的基础，警察必须反应迅速，有足够的警力建立警戒线，控制形势，防止骚乱蔓延，减少财产损失和人员伤亡，有秩序地驱散人群。团队集体行动是核心，警察要以相应的队形开展工作。冲突队形可以用来控制人群，驱赶他们向指定方向移动；锲入队形可用来渗透和分割；斜穿队形可用来将人群从某个区域或建筑物前移走；圆柱队形可用来分开人群，或把警察从一个区域调配到另一个区域。总之，骚乱现场的人群控制要根据现场的局势，要考虑人群的规模、活跃程度、行为表现和性质，还要事先预备好警察在什么情况下为安全而进行战术撤退。

**【袭警案例】**

2009年7月10日,贵阳市云岩区黔灵乡发生一起煽起不明真相群众辱骂、抓扯处警人员,掀砸警车的突发性打砸事件。事发后,省公安厅及贵阳市委、市政府高度重视,迅速调集力量进行处置,使事态得以妥善平息。

经过省、贵阳市两级公安机关联合调查,事实真相为:7月10日晚7时许,在贵阳市黔灵镇沙河村暂住的织金人郭春贵与两名朋友喝酒,郭酒醉后上厕所不慎将头部摔伤,黔灵乡派出所流动人员管理办公室3名聘用人员路过,见到郭酒醉倒地,便将其扶起,同时通过与其饮酒的朋友进行交流。因这些人对辖区流动人口管理服务中心登记办理暂住证,按规定收取每人每证工本费5元的做法不满,便诬称郭是被派出所工作人员打伤,其家人及同乡乘机起哄,并报警。派出所民警和急救车到达现场,郭登上救护车后又被家人拉下车并躺倒在地,拒绝到医院诊治。郭的家人和同乡向群众宣称郭被派出所人员殴打,恶意煽动不明真相的旁观群众起哄围攻,向民警施压,逼派出所承担医药费。此举引起了数百名不明真相的群众围观,在童某等个别人挑头煽动下,少数人辱骂、抓扯处警人员,引发事端。在整个过程中,有8辆警车、2辆民用车、1辆新闻采访车被不同程度地损坏和掀翻,5名派出所民警和3名流动人员管理办公室工作人员被打伤。

**【案例点评】**

1. 在此次群体性事件中大多数不明真相的群众受闹事骨干分子的煽动,由于从众心理,随着挑头闹事人向警察发泄不满,进行人身攻击与损坏车辆。民警在事件的初级阶段就应采取果断措施,将其强制带离现场到派出所进行处理,同时对聚集人群进行教育,使其散去,防止事态进一步恶化。

2. 在事件被激化以后，闹事人群围攻派出所，损坏车辆等行为，警方应有专人进行取证工作，以便事后进行处理。

3. 取证工作完成后，民警应对挑头闹事人进行控制带离，随后对其余人进行思想教育，使其认识到自己的行为已经触犯了法律，迫使其分散。

# 第九章　人身检查技术

人身检查是警察在执法过程中，将犯罪分子或者犯罪嫌疑人制服和缉捕后，依法对其人身利用两手"挤压"和"触摸"等方法，进行搜索和检查的一种技术。❶ 人身检查的目的，一是为查明和清除隐藏在犯罪嫌疑人身上的各种凶器。二是可以有效地防止犯罪嫌疑人利用凶器自伤、自残。三是为了查获犯罪嫌疑人携带的罪证。人身检查是一项危险性很大的执法活动，在国内外因为人身检查时警察遭袭击的事例有很多，所以警察在人身检查时要保持高度的警惕，防止被嫌疑人偷袭。如果心存侥幸来搜查嫌疑人，将导致致命的错误。

## 第一节　人身检查的要求

### 一、人身检查必须在犯罪嫌疑人已被我方控制，失去反抗能力的前提下进行

在未完成搜索前，不准犯罪嫌疑人有任何举动。

警察被袭死亡的一个主要原因是在现场没有发现疑犯身上的武器。这里列举一些由于搜查不当，而导致悲剧发生的例子。

---

❶ 公安部政治部．缉捕术［M］．北京：警官教育出版社，1998．

# 第九章

## 人身检查技术

**例1**：两位警察在他们打开涉嫌酒后驾车疑犯的手铐，准备对他进行呼吸测试时，被杀了。原因就在于他们未发觉疑犯身上的匕首。

**例2**：一位警察被坐在巡逻车后座的犯人用手枪打死了，原因就在于他准备开车押送犯人前搜查不严密。

**例3**：一位警察在他准备把囚犯移送到另一羁押点时，被囚犯杀害了。囚犯是从他自己的身上取出的手枪，显而易见多次搜身还是未达到目的。

### 二、人身检查必须是在保持高度警惕的前提下进行

应使罪犯在失去平衡状态时对其人身检查，警察持手枪、警棍人身检查时，应使其处于随时准备击打的位置。

不论采用的是哪种搜身方法，一些基本规则必须遵守。

第一，只要有可能，对一个人的搜身都必须在警察的严密监视下进行。如果出现反抗，同伴有责任来帮助你。另外，警察必须在心理上对疑犯形成一种恐吓作用，防止麻烦进一步恶化。

第二，当警察把疑犯押送到拘留所，在正常情况下，他必须遵从"先拷手铐，然后搜身"这一基本规则。虽然在特殊情况下需要做出特殊的反应，事实上当一个人被手铐牢牢地铐住时，他就很难再伤害警察。但要记住，手铐有时只不过是权宜之计，手铐的束缚可以而且已经有人挣脱过。所以警察对于那些戴着手拷的人，仍需十分小心。

第三，搜身，"拍打法搜查"必须由戴着防护性手套的警察来进行。选择手套时，既要考虑到它的保护作用，但也不能太厚，不灵巧，以至于在搜身时戴着手套感觉不到凶器和其他器械。

第四，开始搜身前，警察首先要问清楚嫌疑人身上是否藏着东西，否则他将自寻麻烦。嫌疑人应被具体问及是否有针头或刀

片之类的东西。有着丰富经验的巡警在搜身时总要问:"你身上是否携带什么东西?"让搜查对象自己揣摩警察的话的意思。当然了,有些人可能会说谎。当嫌疑人再三向警察保证说"我身上什么都没有"时,只有没安全意识的警察才会把那些搜身的警示当耳边风。

第五,值得牢记的是,不是每一样东西看起来没有危险就真的无危险了。"活命主义者"的杂志和图书目录中都是关于切割器具和火器伪装成携带式电子呼叫器、圆珠笔、腰带扣、信用卡和其他一些无危险的物件的介绍。

避免成为这些武器的受害者的最佳方法是在搜查对象携带的物品时,要发挥自己的想象力。例如,项链的末端可能藏有刺伤人的锐利物;腰带上藏着锐器或手铐钥匙。一定要仔细地检查。

最后要提醒的是,每一位执法人员必须认识到任何人一旦被逮捕,必须不分时间和场合地接受搜查,然后才能让他(或她)上车带走。为了便于注册登记或囚禁,在他(或她)被打开手铐以前,必须再次接受搜身。

**三、人身检查要先搜犯罪嫌疑人的主要部位**

人身检查的主要部位包括腰部、腋下和前胸。以腰部为界,先上后下依次搜索检查。腋窝、胳膊、胸部、脊背、裆部、双腿内侧、手腕、脚腕等处不能有所遗漏。对腰部衣服重叠之处、衣服口袋、皮带内侧也要彻底查清。检查方法主要包括"搜身"和"拍打法"。

**四、人身检查一般要求用手挤压,触摸翻动,不可轻拍轻摸**

不同的对象控制方法需要对下一步发生的问题采用不同的手劲。一种经常使用的技术是,警察从背面靠近嫌疑人,然后在够得着的距离范围内用手劲不是很强的那只手抓住嫌疑人交叉着的十指。嫌疑人那时会把手拱起然后用力挣脱。

**五、人身检查时的口令必须准确、清楚，不得模棱两可，含混不清，使对方不知所措，不能配合**

为了完成好搜身，就要让搜查对象知道你要求他做些什么。要用清晰明了的字眼来宣布你的搜身意图。说话的方式要随着形势的变化而变化，许多警察往往只会简单地用同一种语气来表述，如"我要检查你身上是否藏有武器。转过身来，脸背对着我。把脚分开，手放在头上"。

**六、人身检查必须认真彻底，不留任何后遗症**

可以将嫌疑人用力往后拉以至于使他失去平衡。当犯罪嫌疑人的手指被你手劲弱的那只手紧紧握住时，手劲强的那只手从犯罪嫌疑人背后伸出来然后搜查他的一边身体。衣服拍打过后，再轻柔地挤压一遍，以防东西出现在不合适的位置。要完成对犯罪嫌疑人半边身体的搜查，工作要从头做到脚。搜查完成后，警察的左右手都不能失去对犯罪嫌疑人的控制。这时你必须用你那只手劲强的手紧紧抓住嫌疑人交叉着的手指，同时用手劲弱的那只手从前到后去搜查嫌疑人另外半边衣服和身体。正巧碰上的任何武器或其他危险物品必须把它拿走。

**七、人身检查必须是在优势警力、分工明确、站位合理的情况下进行**

警察已经逮捕的一名犯罪嫌疑人，不能排除他（或她）仍能迅速重新获得已经隐藏起来的武器。另外，钱包、手提包、马口铁罐、腰带等物品必须交出来搜查。如果觉得这些小东西无足轻重，那么任何一件物品都构不成伤害了。小心谨慎不但能节约时间，还能防止陷入困境，流血事件的发生。搜身必须在专业的、有耐心的教官指导下训练。有效的搜身技术，归根结底是通过训

练，达到一定程度的速度技能。正确地利用"传递训练"和"循环练习"等方法来实施搜身训练，对于任何一名警察安全地进行执法工作是一门必修课。

**八、对女犯罪嫌疑人的人身检查应由女警察执行**

人身检查地点应在封闭的地点进行以保护被检查人的隐私。

## 第二节 人身检查的基本手法

人身检查的基本手法是指警察对搜查者进行身体搜查时采取的触接方式。通常有以下几种。

**一、抚摸**

用手掌贴在衣服上缓慢移动，用掌心感觉所能触及的异状物体。

**二、挤压**

手掌不时用力按压，同时用手指抓掐。对躯干部位搜查时，挤压方法较为理想。

**三、翻撩**

将目标衣服翻撩开，或者将其衣裤口袋翻开，露在外面进行检查。

## 第三节 人身检查的部位

一般情况下人身检查的顺序应该按照由上及下的顺序进行，当嫌疑人随身携带凶器特征较明显的情况下，警察直接解除威胁后，再继续对其他部位进行检查，嫌疑人常隐藏凶器的部位如下：

一、上半身易藏匿的部位

犯罪嫌疑人头上戴的帽子里、长头发内可能藏有小刀、刀片、细钢丝等凶器；衣领口里面可能隐藏有刀片；可能藏有用项链挂起的小刀；手心及手指缝间可能藏有小刀；手腕上戴的护腕里可能藏有小刀、绳子等凶器；腋下可能隐藏凶器。

二、下半身易藏匿的部位

犯罪嫌疑人腰间可能携带凶器和武器；裆部可能藏有小铁丝、别针；皮带内侧可能藏有刀片；衣服口袋里可能藏有各种凶器；小腿部位可能藏有凶器；鞋底凹形处可能藏有凶器。

# 第四节 人身检查的形式

人身检查的形式可分为：无依托人身检查、有依托人身检查两种形式。一般采取一名警察进行人身检查，其他人员警戒的方式。

一、无依托人身检查

（一）站立式人身检查

警察命令犯罪嫌疑人两脚平行开立等于肩宽，两手手指交叉背于头后，警察由后接近，位于罪犯视线外，进行人身检查。对搜查对象实施了由后上铐以后，左手抓住对方的手或手铐，将左腿贴靠于对方左腿内侧，右手首先对其腰部进行搜查，然后对其右侧，经上而下的搜查，搜完一侧再用同样方法搜另一侧。

（二）跪地式人身检查

警察命令犯罪嫌疑人两膝跪地，警察由后侧接近人身检查，两手手指交叉背于头后，上身挺直对犯罪嫌疑人实施跪地后上铐，左手抓住对方的手或手铐，右手首先对其腰部进行搜查，然后对

其右侧，经上而下的搜查，搜完一侧再用同样方法搜另一侧。

（三）卧地式人身检查

警察命令犯罪嫌疑人俯卧在地，两脚尽量分开，两手手指交叉向前伸直或抱于头上，搜索前身时，令其翻身仰卧，两腿交叉伸直，两手手指交叉置于头下，警察从侧翼接近人身检查。蹲在对方的左侧，将其身体的右侧搬起，后背靠在我方的左膝部，成侧卧状，左手按住犯罪嫌疑人的右肩，右手实施搜查，首先对其腰部进行搜查，然后经上而下进行搜查。搜完一侧再用同样方法搜另一侧。

（四）对多人人身检查

当一名警察单独对数名犯罪嫌疑人人身检查时，可运用无依托物人身检查中的跪姿进行人身检查。令犯罪嫌疑人纵向排列，间距 3~5 米，先从最后一个搜起，人身检查完毕后令其前移至前头保持原距离、姿势，依次对犯罪嫌疑人进行人身检查，同时应注意监视其他犯罪嫌疑人。

**二、有依托物人身检查**

（一）靠墙人身检查

警察命令犯罪嫌疑人身体贴墙，面壁站立，双手交叉背于头后或置于墙上，两脚分开，脚尖外展，尽量靠墙，警察由后靠近进行人身检查。

（二）靠车人身检查

警察命令犯罪嫌疑人两臂伸直，两手手指支撑在车身上，低头向下，两脚分开，远离车体，体重大部分落于两手手指，警察由后接近进行人身检查。

（三）重点提示

犯罪嫌疑人的口中也容易藏匿凶器用来伤人或者自残，人身

# 第九章
## 人身检查技术

检查时应当注意。站立人身检查时应控制一侧胳膊，让其沿反关节运动，并以自身为依托让犯罪嫌疑人后仰失去重心。人身检查的前提是控制，在警察完全有把握控制住对方时再行人身检查。

**【抓捕实战案例】**

**案例1**：2005年8月10日，犯罪嫌疑人赵某伙同他人在呼兰区打车将出租车司机骗至某偏僻处，赵称要去接人让司机在此等候。等待时，司机睡着了。赵某等人用绳子将司机捆绑勒死，抢走司机身上200元钱及车辆，并抛尸荒野。便衣支队调查走访得知赵某极有可能躲藏在山东省青岛市。11月25日，警方在青岛市胶州西部一砖厂工棚内将已改名为"徐涛"的赵某抓获。

**案例2**：2006年12月3日，犯罪嫌疑人孙某因与被害人有债务纠纷，指使王某等人在道里区工程街一居民楼内将被害人车某用尖刀刺死后潜逃。道里区警方获取了王某妻子杨某现在云南的信息，立即赶赴当地。一名叫"王德生"的男子进入侦查员视线。通过对获取影像信息调查发现，"王德生"的落户信息是以表兄弟身份落户在木兰县一户姓李的人家，身份十分可疑。通过照片辨认，侦查员确定该人正是王某。获此线索后，侦查员果断出击，于11月18日凌晨3时许在云南省楚雄市将命案逃犯王某抓获。11月22日，藏匿在云南昆明的孙某自首。

**案例3**：2004年7月26日，李某因与被害人李某某有经济纠纷，伙同钟孝到河北省邢台市轮胎厂家属院内准备教训李某某。二人持水果刀将李某某的两个轮胎扎坏后躲藏起来，等李某某出来发动车后发现轮胎有问题，下车查看时，二人趁机上前持刀刺中其腹部，李某某死亡。治安大队通过工作获取线索：潜逃17年的命案逃犯李某在建筑工地工作。11月23日，警方到松北区世茂大道东安建筑工地将李某抓获。

**案例 4**：2001 年 11 月，家住道外区东风镇的犯罪嫌疑人王某，与同村村民王某某在玩推牌九时发生争执。打斗中，王某用尖刀将王某某刺死后潜逃。警方判定，该人可能投奔了在河北省河涧市的姐姐家，且多年前，王某带着姐姐给介绍的对象回了昌平。经侦查，警方确定王某已经改名换姓，并在西营村上苑石粉厂打工。民警迅速赶到该厂将其抓获。

**案例 5**：2008 年 4 月，南岗公安分局对潜逃 13 年的命案逃犯冯某展开调查，并派出追逃小组南下广东东莞将其抓捕归案。追逃组确定，东莞市南城白马黄金二路华博物流中心一名叫"冯作权"的业务员很可能就是冯某。考虑到 13 年来嫌疑人体貌特征可能发生变化，追逃组携带嫌疑人照片秘密进行现场辨认。侦查员们在上千平方米的物流中心对近万人展开调查辨认，最终确定在物流中心 D 区工作的"冯作权"就是冯作泉。侦查员将其当场抓获。经审，该人交代了 2008 年 4 月 5 日 16 时 40 分许，伙同孙某、徐某，在南岗区学府三道街 42 号门前将徐某刺死后逃跑的犯罪事实。

**案例 6**：2000 年 7 月 19 日，道里区乡里街居民房某因贩毒被道里公安分局网上通辑。2001 年 3 月 23 日，房某伙同他人在香坊区商店持枪抢劫 900 元钱，并枪杀了老板儿子，将老板扎伤。"清网行动"期间，房某被公安部列为督捕逃犯。"清网行动"中，香坊警方确定房某藏匿在深圳市罗湖区翠竹路一带。11 月 22 日，民警抵达深圳，通过走访摸排获取了房某现在的外貌特征。由于房某外貌几乎和原来判若两人，给抓捕带来很大困难。专案组请当地的刑侦专家依据相关人员的描述，为房某画了肖像。在深入走访中，侦查员敏感地捕捉到了一名当地群众在看到画像后的异样神情。经过连续两天细致地做工作，这名群众提供了一条至关重要的信息：在附近居住、绰号叫"眼镜"的一个送盒饭的东北人和画像中的人很相像。随后，警方在八卦岭宿舍区27栋某室内将自称叫"沈红旗"的犯罪嫌疑人房某抓获。

**案例7**：2004年3月26日，犯罪嫌疑人刘某到朋友家相亲。晚上吃饭时，朋友的女友到外面买烟遭到一伙喝多酒的人调戏。刘某等人得知后，抄起刀和斧头出门，在香坊区旭升街火锅店内发现了那伙人。几人在店内打起来，刘某与朋友处下风。走出火锅店后，刘某与朋友分别抄出"家伙"每人对付三四人，将对方砍伤，其中一人死亡。刘某与朋友逃到山东青岛后分手，后刘某的朋友落网，刘某被省公安厅列为督捕命案逃犯。"清网行动"中，香坊警方发现刘某的父亲近期先在北京停留数日，后又到云南省昆明市居住三个多月。经分析认定，刘某的父亲极有可能投奔外逃的儿子，且刘某目前可能藏匿在湖北省咸宁市。经排查，刘某可能持有姓名为"徐传强"，户籍登记地为云南省昆明市的身份证。11月25日晚，抓捕组民警在昆明市官渡区某小区门口将"徐传强"成功抓获。经照片比对，确认"徐传强"正是在逃17年的犯罪嫌疑人刘某。

【案例点评】

1. 抓捕前期准备工作充分，情报主导抓捕信息，确认犯罪嫌疑人有一定难度，但经过警方多方面努力，最终抓获犯罪嫌疑人。

2. 获取嫌疑人信息后，迅速组织抓捕工作，令犯罪嫌疑人措手不及。

3. 犯罪嫌疑人多为长期逃犯，警方没有放弃抓捕的希望，锲而不舍地工作，使犯罪嫌疑人最终受到法律制裁。

# 第十章　徒手带离技术

## 第一节　徒手带离的基本要求

### 一、带离时必须注意安全

如果是上铐带离，在带离前必须进行彻底的人身检查，并用手铐有效限制其双手，手铐必须后铐。如果带离人员在两人以上，分别位于带离对象左、右两侧，或一前一后。带离女犯罪嫌疑人必须有女民警参加。如果是单人带离，务必在带离对象的左后面，切忌并行或在带离对象的前面。带离时，必须严密观察动静[1]。

### 二、带离时必须注意观察

带离时随时观察、了解对方的思想、情绪变化，防止对象与熟人接触或以暗语示意，防止对象在途中逃脱、自杀等事故。

### 三、带离时必须注意路线

带离路线应尽量避开闹市区和人烟稠密的地方、偏僻地方。必须通过闹市区时，应令对象快速前进，防止人、车辆挡住视线或无关群众围观堵截。

---

[1] 公安部政治部. 警务实战基础训练教程［M］. 北京：中国人民公安大学出版社，2006.

**【押解带离案例】**

2001年3月16日,在新乡公安机关配合下,临潼警方将犯罪嫌疑人李某抓获。在押解李某回陕途中,在洛阳休息的当晚,因李某的手腕关节较常人粗大,民警所戴手铐无法铐住他,遂改用绳索将其双手捆绑。深夜时分,李某趁机挣脱绳索,袭击房间内的看管民警,并从民警的枕头下抢走一把"六四"式手枪和4发子弹后脱逃。

**【案例点评】**

1. 在押解过程中由于嫌疑人手腕关节较常人粗大,无法将其戴上手铐,民警只好用绳索将其捆绑。这种约束嫌疑人的方法只能临时采用,不能长时间运用于押解过程。

2. 即使采用绳索捆绑,也应加强看管力度。同时约束嫌疑人双腿,限制其活动。

## 第二节　徒手带离动作

一、抓臂带离

**动作要领**:我方站在对方的右后侧,用右手抓其右手腕,左手抓抚其肘关节部位,将其向前带离。

**动作要点**:双手抓握要适中,随时感受对方的手臂运动。

**适用范围**:此技术主要用于对一般人员的带离。

二、折腕带离

**动作要领**:我方左手由后从对方右手臂和身体之间穿过,抓其右手腕,并向下折腕,同时用自己的左侧腋向前顶靠对方的肘部,折腕顶肘形成合力,控制住其整个手臂,将其向前带离。

**动作要点**:身体紧贴对方的肘部,控制其手臂而折腕。

**适用范围**：此技术主要用于对有轻微抵抗人员的带离。

### 三、别臂带离

**动作要领**：我方由前接近对方右侧，右手抓其右手臂上提，左手从他的腋下穿入，手心向下反抓其手臂回拉，用身体夹紧，同时身体向右转动，左臂上抬，反别其手臂，将其向前带离。

**动作要点**：别臂的力点作用在对方的肘部。

**适用范围**：此技术主要用于有较为严重抵抗人员的带离。

**【押解带离实战案例】**

2011年9月29日河南唐河县警方费尽周折，从广东澄海抓获在逃17年的犯罪嫌疑人康某。9月27日，4名民警带着康某乘火车来到武昌，准备转乘警车回唐河。下午，5人在关山一家餐馆就餐，康某趁民警吃饭时提出上厕所，意外地跳窗逃脱。

17年前，嫌疑人康某因涉嫌强奸绑架幼女，被河南省唐河县公安局列为网上逃犯，当地警方一直在对其进行追捕。今年9月18日，康某在广东澄海被警方抓获，并被刑事拘留后羁押在当地看守所，唐河县公安局安排两个民警前往广东押解，并从汕头乘坐K800次列车押解至武昌火车站，唐河警方则派警车等在车站外，准备换乘警车回唐河。其后，该车走错了方向，走到了东湖高新开发区的关山。前日下午2时30分许，警方与嫌犯一行5人在关山的陆景苑旁味源自然餐馆就餐，嫌犯竟在此时逃脱。

味源自然餐馆的厕所虽然在一楼，但却没有窗户，嫌犯绝对不可能从厕所逃脱。嫌犯进入厕所前后约有10分钟，民警因知道厕所无窗便在距离五六米的地方等待。嫌犯从厕所出来后，见通往二楼的楼梯透出阳光，便趁民警疏忽跑上楼梯翻窗而逃，等民警反应过来时嫌犯已躲进了光谷陆景苑小区。原来，厕所门右边有一个通向餐馆二楼的楼梯，在一楼半的左拐角处有一扇没有钢筋的小窗子，窗户通向光谷陆景苑小区，嫌犯正是通过这扇窗子逃跑的。

据了解，陆景苑小区共有2个门和一个被废弃的消防通道可出入。嫌犯翻窗躲入光谷陆景苑小区后，唐河民警可通过3种路径进入该小区追抓嫌犯：一是赶到距餐馆30多米的小区西门，通过此门再深入小区百余米赶到嫌犯跳窗点；二是走小区开在餐馆旁十余米处已被废弃的消防通道，该通道离嫌犯跳窗点20多米；三是直接从嫌犯出逃的窗子进入小区。但唐河民警由于不熟悉小区的情况，选择了第一种路径进入小区，造成犯罪嫌疑人直接逃脱的后果。

**【案例点评】**

1. 押解过程中，犯罪嫌疑人会找出种种理由，想打开手铐，例如上厕所、吃饭等借口。民警在押解过程中有时会被这些借口迷惑，于是犯罪嫌疑人乘民警疏忽大意时逃跑。

2. 犯罪嫌疑人进厕所后，警察认为厕所没有窗户，犯罪嫌疑人不可能从厕所逃跑，所以放松了警惕性，造成嫌疑人直接逃脱的后果。

3. 犯罪嫌疑人逃脱后，民警由于对周围地形不熟，失去了追击犯罪嫌疑人的最好时机。

# 第十一章　常见警情处置策略

警察快速到达现场后准确把握战机、迅速控制局面、有效先期处置，是抓获嫌疑人、获取有效证据、移交其他警种继续工作的基础，也是摆在我们面前的一个重要课题。这些处置策略借鉴国外警察在实际执勤中系统的快速反应策略，针对不同警情有不同的现场处置方法，具有实用价值。

## 第一节　杀人案件现场处置

### 一、确定被害人是否死亡

警察到达现场的第一项任务就是保护现场，还要确定被害人是否已死亡。因为声称有人被杀死的报警人常处于高度紧张的情绪之中，可能被害人实际上并未死，只是受伤或昏迷。杀人现场的证据保存是极为重要的，如果被害人的生命被救治过来，就能够指出是谁向他下了毒手。因此，绝不要先入为主地认定被害人已经死亡，警察应认为被害人还活着而督促自己进行仔细检查。

警察在确定被害人是否死亡是应掌握的基本常识，可通过以下几个方面观察。

（1）拿镜子放在被害人嘴边和鼻孔下，观察有无呼吸形成气雾。

## 第十一章
### 常见警情处置策略

（2）心脏跳动：感觉腕部和颈部的脉搏，把耳朵贴在被害人的心脏处听。

（3）手指甲失去红润：捏手指甲然后松开，如果改变了颜色，说明人还活着。

（4）瞳孔反应：用灯光照射眼睛观察瞳孔的大小是否有变化，如有收缩就说明人还活着。

（5）眼光显得呆滞：死者的眼球发暗就像离开水较长时间已死去的鱼一样。

（6）眼球没有张力：闭上你的眼睛，然后用手指轻轻地按眼皮，就会有伸缩感，而死者的眼球摸起来感觉像是烂葡萄。

（7）其他明显的症状：被害人的身体已被虫或兽啃咬、变形、身首异处、发胀等明显说明人已死亡。尸斑也是死亡症状，但不绝对，因为人的心脏有问题或患有某种慢性病也会在身上出现斑痕。

**二、防止破坏现场**

确认被害人已死亡后，警察的首要职责就是保护现场，有可能对现场进行破坏的情况有如下几种。

（1）警察自己接触尸体和在现场走动时，可能在不知不觉中对犯罪现场进行了无可挽回的毁坏。

（2）无论何时发生大或小的案件，总有一些其他警察来到现场，只为满足其好奇心。他们很容易进入现场和介入警察的工作，在只顾自己猎奇的情况下毁坏了现场的证据。

（3）被害人的亲属。他们认为自己有权利留在现场或在现场转悠，因为案件是有关他的亲属的。他们也会偷走在现场发现的任何东西，因为他们认为自己对死者的财产有继承权。

（4）邻居和过路人。旁观人群中有人拿走证据或偷走武器的

事情也曾发生过。

### 三、有效保护现场

警察如何保护现场和证据呢？要先分析现场，决定是否需要召唤其他警察支援，再使用警戒绳索或阻碍通道的障碍物保护现场，一般有三种方法。

（1）覆盖证据。在足迹或其他类似证据上盖上盒子，将椅子或木墩等放在证据前或周围。

（2）保护犯罪现场。如现场情况适合，应该使用红橙色相间的荧光塑料带将现场围起来，带子上应印上警察标志警示公众不许越过警戒线。大部分警察车后备箱内都备有一卷警戒带，可以将带子系在树上或其他固定物上。在开阔地，要把警戒带放在现场四周的地上以保护证据。

（3）用身体驱赶人群离开。围观的人群很难控制，警察行动要果断，采取坚决措施用身体推开人群，同时要有礼貌地使用温和的声调进行劝说，也许会引起人们响应。对有些旁观人有时不得不采取强制手段才能使他们离开现场。

（4）除了保护现场外，警察还要尽可能地留下证人的名字、地址和电话，还要记录下各种证据的所处位置，但不要触动或移走这些证据。要设法提取证人证言，特别是对垂死的被害人，警察一定要抓紧时间留下他的遗言。这个最后遗言是被害人临死且无希望康复情况下做出的，在法庭审判中意义重大，而对警察来说，其宝贵价值就在于能够了解被害人受杀害的情形，特别是很可能就此知晓谁是凶手。

## 第二节 盗窃案件的现场处置

入室行窃犯罪通常情况下被害人并未及时发现，犯罪嫌疑人在现场仅仅停留很短时间,证人极少,但这种报警同样存在潜在的危险因素。

## 一、搜索

警察要对现场建筑物进行搜索。这种搜索绝不许由单个警察执行,在接近建筑物时,要把停在该区域的车的号码记下来,还要注意窗户和门有无被打破,以及其他强力进入的迹象。警察不要直接站在任何门前,应从旁边走到门柱旁再推开门,打开屋里面的灯。如果建筑物里没有灯,警察手里的电筒应举得离开自己的身体,因为如果屋内出现武装歹徒,他很可能攻击或射击有灯光的方向。入室搜索要有条不紊,每间房间,以及储藏室、厕所等所有可能藏人的地方都要仔细搜索到。

如果在居民区入室盗窃正在发生,警察应该小心地悄悄地接近现场。应派警察从侧面转过去藏在院后黑暗处,因为嫌疑人很容易跑到其他街道去。所有路过的人都应被要求站住进行检查,询问他到这个地方是否有正当事,警察的工作态度应礼貌谦恭,要将问得的每个人的情况记在卡片上,刑警可能在并案调查中获取有价值的信息。

## 二、保护现场并收集有效证据

损失较大的入室行窃一般属于事后报警,而且多夜里发生在商业部门,常常是商店主人或看门人上午到营业场所时发现被盗才报警。警察到现场的任务是确定案件是否属于刑警管辖的犯罪案件,在刑事勘察人员到现场前,警察的职责就是保护好现场,同时收集好证据。如果入室行窃案件发生在大城市,当事人在星期一上午报警,此时可能有许多类似的案件要由刑警来工作,因此警察可能要花很长时间等待刑事勘察人员的到来。商店主人一般会很焦急,要打扫现场卫生迎接顾客,警察必须有效地劝说他

将现场保持原样。

进入他人室内的嫌疑人被抓获时手里常常并无赃物，能否按犯罪处理的关键在于行为人进入此建筑物的目的是为了盗窃而不是误入，警察抓住的入室行窃者往往辩解说自己入室是躲雨、避寒或误入。警察移送起诉此类案件失败的教训告诉我们，将盗窃者在屋内抓住时，正是他最惊慌失措之时，这时很容易获取他交代为什么入室进行盗窃的口供，所以警察对现场抓获的入室盗窃者和其他现行犯必须及时审讯取证。

## 第三节　抢劫案件的现场处置

### 一、接警与搜索

有效处置抢劫报警的关键在于知道抢劫犯长得什么样，当被害人向警察局报警时，警察首先要获得被害人的名字和地址，然后告诉他半分钟后再放下电话。警察要立即指令巡逻区的警车出警，提醒警察们注意在报话机中听其他消息。警察此时再简要地与被害人交谈，边谈边填写警察必备的有关嫌疑人特征的制式表格，尽可能多地通过电话获得细节，这些谈话内容同时已通过报话机广泛传送到了出发途中的警察耳中，警长因此可下达分区搜索的指令。分区搜索是事先将巡逻区按照街道分成不同的搜索区，一辆巡逻车负责一个搜索区，避免多辆警车挤在同一地区，而有的区域却无警察光顾。

### 二、现场处置

处置抢劫报警有时既紧急又危险，因为犯罪嫌疑人可能还在现场，又有凶器。报警经常源于过路人、被害人和自动报警系统。在接警处置抢劫现场时，很难现场抓获嫌疑人，所以警察要注意可能的逃跑路线和被遗弃的车辆，观察现场道路上汽车的行驶速度，如果来得及当然要先注意现场的可疑人和其他持凶器的帮凶。如果抢劫正在进行，需要两辆以上的巡逻车出警，第一组警察赶到现场，其他的巡逻组要封堵犯罪嫌疑人的逃跑路线。第一组警察在现场收集的有关嫌疑人和车辆的信息要及时通知周围巡逻组。如果嫌疑人尚未逃脱，周围巡逻组要及时建立封锁线等待离开抢劫目标所在地的人和车。在警察了解清楚里面现场发生的情况之前，绝对不要贸然进入报警抢劫所在地，因为嫌犯可能还在现场并可能劫持人质。

**三、辨伪**

对于抢劫案件，经常有人报假案，因此警察应该对抢劫报警特别小心，特别是警察感觉有些不正常的抢劫报警。报假案的主要动机就是掩盖丢失的钱，也有的仅仅想引起别人注意。警察应该注意聆听报警人的讲述，人们说话时的语调、表情等都会有助于鉴别他的话是真还是假，特别是面对执法人员时难免紧张，更会暴露其真实意图。警察应进行感觉鉴别训练，最好的方法是坐在一群谈话的人中，集中精力观察他们的谈话，不要在意他们说的内容，只是感觉说话人的表情。经过短时间训练，你就能在交流中获得较深的洞察力。如果你与报假案者交谈深入，你就会觉察到他的动机，了解报假案者的多种动机表现后，警察就可以对以后的报假案者进行谈话引导，尽快知晓真相。

## 第四节　炸弹威胁的现场处置和紧急援救

**一、炸弹威胁的处置**

尽管大多数的炸弹威胁只是对他人和警察的愚弄，但警察都

必须严肃对待，而且根据法律规定，许多威胁行为本身就是犯罪。现场询问受到炸弹威胁的人也是很重要的，如果威胁是通过电话传递的，询问就应集中在打电话者说了什么，他的声音特点和听到的背景声响。如果爆炸事件已经发生，警察就要像处理其他犯罪现场一样进行处置。在有人报警发现一个可疑包裹时，警察必须把它当作实际上即将爆炸的装置来开展工作。

第一，警察首先要做的就是紧急疏散群众，还应设法与报警者联系上，以利于引导专业人员和设备能及时准确赶到现场。

第二，设置安全警戒线，但警察绝不要自己搬运、接触、嗅闻或试图拆除任何可疑的未知的爆炸装置，应及时通知炸弹处置专家和排爆技术员赶到现场。

第三，警察应该使用有线电话传递信息，不要用报话机和无线移动电话，因为无线通信信号可能激活炸弹中的遥控引爆装置。

第四，现场不要打开电力和煤气设备，绝对不许吸烟，附近的所有易燃易爆设备都要转移走。

如果接到炸弹报警后却未发现可疑的包裹，警察必须立即寻找爆炸装置。此时能够及时顺利找到爆炸装置的人并不是受过专业训练的警察，而往往是居住或工作在现场附近的居民。他们对自己的生活工作区很熟悉，很容易观察到改变了位置或新增加的可疑物品。

## 二、紧急援救

紧急援救报警包括，意外事故、危险材料裸露、电力故障、煤气管线和输水干线破裂等。警察经常是第一个到达紧急援救报警现场的公共服务人员，具有许多重要责任。必须立即分析局势，控制现场，行使现场封闭指挥权，协助紧急抢险部门限制人员出入，要使群众与危险源隔离开，保持安全距离，保护群众人身安全，优先抢救受害者，恢复正常秩序。警察必须明确医院等救助单位的方位和从报警地驶往该处的最便捷线路，在抢救伤员时要与沿途其他警察和救治单位保持密切的无线联系以节省抢救准备时间和减少意外事故发生的危险。警察还要提供现场救护的基础条件，不论受害者是否同意治疗，在不予及时救治就会影响生命和健康的情况下，警察都必须对受伤者或患病者予以必要的强制救助。一旦救助开始实施，警察就有义务对受害者予以持续救助和帮助，直到有其他医疗条件好的救助人员赶到为止。

在必要的情况下，要向有关部门求援，联络消防队、警察预备队、排险防暴队，特别是拥有专业医疗救助人员和专用医疗运输工具与设备的紧急救助医疗队。在采取以上措施的同时，警察必须注意要及时鉴别提取证据并留住有关证人。

## 第五节 自杀报警的现场处置

警察经常接警到怀疑自杀死亡现场或去阻止企图自杀者。

### 一、注意保护证据

报警自杀可能实际上是杀人案件，所以警察应特别注意保护任何证据。经常有死者家人毁掉自杀者遗言字条的情况，有三个原因：一是字条可能责备某个家庭成员促使死者走向绝路；二是他们不希望外人知道他们家有人自杀了，或是担心别人认为这个人有精神疾病，怀疑家族有不良遗传病史，或是有的宗教不容许自杀者埋葬在教堂公墓；三是保险因素，有的保险公司不给自杀者支付人寿保险。警察还要尽可能多地寻找证人，记下现场证据的所处位置，但除非刑事勘察人员不来现场进行进一步的勘察，警察不要自行拣起证物。

## 二、采取应急对策

对于企图自杀者，当事人已丧失理智，警察需要采取应急对策。当事人决定要结束自己的生命可能是因为生活压力难以忍受，或被绝症所困扰，或情感失落，或出现心理障碍。也有的当事人仅仅是想博得别人的同情，他们往往大声哭喊，这样的当事人一般不会真的自杀。事实上所有潜在的自杀者都显现出很相似的症状，包括以口头或书面做出要死的意思表示。真正倾向于死的当事人可能为自己购买了生命保险，抛弃了身边的财产。无论何种情况，处警现场警察的适当言辞和举止都可能防止激化矛盾和严重的伤害与死亡事件的发生。警察可以采取一种或多种手段，促使企图自杀者放弃自杀意图。如与企图自杀者交谈，努力终止其自杀动机；拖延时间，等待援救人员和专业设备；答应企图自杀者合理的一般要求；问企图自杀者在死前是否想与谁说几句话；联络有关援助机构，如消防、医疗、心理和宗教机构等；联络企图自杀者的朋友和亲属中可以提供帮助者；如有可能，先要把企图自杀者从对生命有威胁的地方转移开。

## 三、现场紧急救治

对于已经采取了一些自杀举动的当事人，警察要视情况分别予以救治：

（1）服毒者。要快速用救护车将其送往医院，同时警察要在现场搜索瓶子和其他容器。如果发现，就用电话告诉医生毒药的种类，以使医生知道该用什么解毒剂。

（2）割腕者。首先要用手巾止血，如果被害人反抗，可以用手铐制止，如在现场能找到胶带制止就更好了。如自杀者还想死，要把所有可能用来自杀的物品从他的身边挪走。

（3）开枪者。立即止血并把武器从他的身边挪走。

(4)上吊者。立即割断绳索放下人,把手绢放在他嘴上后,低下身进行人工呼吸抢救。

# 第六节　街面滋事和团伙殴斗的现场处置

## 一、青少年违法滋事的处置

街面上的违法滋事行为大都由青少年实施,警察在处置青少年滋事时的责任是在青少年父母或监护人不在场的情况下对其提供保护、指导,恢复正常的社会秩序,因而警察对违法青少年采取强制措施的范围较对成年人实施要广泛得多。确定是否由青少年实施时,可分析行为方式和现场所遗留的足迹及手印的大小,特别是滋事行为的恶作剧动机常显示为青少年所为。确定行为人是青少年后,警察就要逐门逐户寻找证人,如果无效,就到最近的学校去找。学校附近总有学生逗留,即使暂时未了解什么情况,也要取得他们的信任,留下警察的联络卡片。在居民区了解情况,要特别注意检查事发地的房后,因为居住在这里的居民很可能在事发时从窗户往外看,或看到过成群的青少年从窗前经过。如果事发在学校上课之时,离现场最近的学校可能提供缺课学生的名单,这将对警察予以很大的帮助。

在与青少年嫌疑人交谈时,警察故意缩小所毁坏财物的价值是非常重要的。青少年很容易在很短的时间里毁坏价值上千的财物,但对一般青少年来说,一百元也意味着很大的一笔钱,如果警察告诉他毁坏了数百上千的财物,他很可能受惊吓而不敢承认是他所为,当警察故意缩小毁坏财物的价值后,他可能承认违法犯罪行为,这时警察再告诉他所毁坏财物的真实价值也不晚。警察要尽量选择最轻微的强制手段,以避免对青少年造成不良的影

响，对青少年的押解过程中不可戴械具，除非他们表现出要逃跑或自残。在关押过程中，任何时候都不许青少年与成年犯罪嫌疑人接触。

### 二、团伙殴斗的处置

在处理团伙殴斗时，警察的声音语调和态度、姿势等都很重要。警察高举着快速挥舞的警棍大声喊叫着冲进团伙殴斗的人群中，很可能直接制止殴斗。许多参加殴斗的人都是迫于团伙压力，实际上团伙成员大都怕死，有警察冲进破坏殴斗，他们心里反而会很高兴，停止了殴斗又不失面子。参加殴斗的团伙成员向警察报警的也很普遍，告诉警察殴斗的时间和地点，希望警察前来制止殴斗。警察处置团伙殴斗时，先要知道有无其他警察共同去处置，要了解斗殴者有无武器。尽管单个警察能够从责任区很快赶到现场，但一个人很少能制止住团伙殴斗。单个警察处警时，应先快速赶往现场，距离现场几条街时再慢下来，最好的策略是把警笛声音开到最大，慢慢向前走。这样的结果是，团伙殴斗可能受惊吓而散去，正常的秩序得以恢复，而这也正符合警察的职责，警察自身的安全也得到了保障。如果单个警察到现场后，殴斗还在继续，最好将车停在一个不太显眼的地方，等待其他警察到来的同时，观察谁是团伙殴斗的指挥者，用报话机向警察指挥部门报告现场形势的严重程度，对是否使用警犬和催泪弹等提出建议，注意确认周围是否有过后可询问的证人。

## 第七节 家庭暴力和民事纠纷的现场处置

在处置家庭暴力报警时，警察应评估被害人的伤势，因为家庭纠纷和虐待辱骂等，在未出现严重的明显的伤害时，是不按犯罪处理的。对实施家庭暴力者一般不使用强制措施，法律也未明确规定警察应如何处置家庭暴力。两个成年人在激动的情绪状态下各说各的理，警察也难以确定孰是孰非。

## 一、处置策略

警察要兼顾其他报警。纠纷如不彻底解决，同一家庭还会重复报警。专业警察处置家庭纠纷的策略包括以下几种。

（1）分开当事人，将他们分别带到不同的房间。

（2）一次只允许一个人说话，不要偏袒，听他们的陈述。

（3）问及事情的核心问题，如果一方有重要声明，警察重复一遍，询问是否理解正确，力争消除误解。

（4）确定其家庭问题形成有多久，把他们带到一起，让他们可互相面对面重复刚才对警察讲的陈述，不要让他们互相插话，都分别讲完后，告之可以互相反驳。

（5）问双方各自对解决矛盾的建议，让双方提交各自能接受的条件，至少临时休战。

（6）告诉他们警察还要在几天或一周内来回访，看看他们是怎样解决问题的，处理这个纠纷是警察的责任，留下卡片，上面记有相应服务机构的名称、地址和电话。

（7）警察切记，纠纷有双方，不要只听一面之词和急于下结论，特别要避免处理纠纷的两个警察分别认为不同一方有理而搅进当事人的家庭纠纷中。

## 二、处置原则

警察调解家庭纠纷的工作范围有限，双方的感情和自尊已被伤害，如果警察只是简要地听取双方的意见就下结论，可能会使形势更紧张，而且警察不是专职家庭法律顾问，也不要期望在一个晚上就解决多年婚姻生活形成的矛盾。警察的本职工作是保持

秩序，他应运用理解、机智处理问题，还要注意不要超出工作权限。值班的警察不可能整个晚上都用来听取家庭纠纷当事人的抱怨和提供建议，还有许多居民需要帮助，因此警察应知道有哪些部门能够帮助解决家庭纠纷，指引当事人到这些社区代理机构解决矛盾，如医疗机构、社会服务机构、福利机构、儿童保护机构和律师服务机构。

新警察遇到的几种觉得比较麻烦的警情处置中，民事纠纷是最突出的。原因在于警察一般很少具有民事法律知识，而在当事人有意主张自己的民事权利时，警察如果采取刑事执法手段就会激化矛盾。在法律逐步健全的今天，警察不可能了解所有类型的法律，即使是律师也要经常查法典，但称职的警察应该了解一般的民法常识，熟悉刑法内容，以此才能在处置警情过程中有效鉴别是非。各种各样的民事争执在警察接警中占了很大的比例，如二手车和其他旧货买卖纠纷，房屋租赁纠纷等。尽管这种争执属于民间纠纷，只是潜在着伤害他人的危险，但其对公共秩序的破坏却是不能低估的。对警察来说，最危急的时刻是接近和进入争执现场时，由于当事人不会仅一人，因此应该有至少两名以上的警察参与现场控制。

### 三、主要任务

警察处置民事纠纷的主要任务是防止矛盾激化，转化为刑事案件，特别是一方当事人攻击另一方时。这需要处置现场的警察的机智和耐心，发挥自己的聪明智慧和法律特长。一般的居民并不知道民事法律与刑事法律的确切区别，他们只相信警察能够解决任何问题，警察会理所当然地给予帮助。如果求助失败，就视警察实施了不可忍受的渎职行为。也有的人明确了解法律，有意利用警察力量满足自己的不正当要求，利用警察威胁他人，或报假警求助警察,这些都是警察在处理民事纠纷时需要注意的。警察应明确向当事人解释,警察不是民事法律专家,最有效的处理手段是到法庭,建议当事人请教律师,警察只是给予建议,不要试图自行彻底解决纠纷。

警察到现场时,不应把警车停在争执现场前面,要避开人行横道,与现场保持一定距离,检查好车门和车窗,以利于监视。如果争执现场位于居民区,警察要站在门外听几秒钟再决定是否召集其他警察支援。先听争执也可能会提供有关争执内容的线索。警察应该记住自己身处争执现场,当事人情绪偏激,可能理智暂时失去控制,也可能持有凶器。警察不仅要关心争执者和现场其他群众的安全,也要关注进行现场处置的警察的安危。

到达现场的警察首先要确定是否发生了犯罪行为,然后决定采取什么样的反应手段。警察采取的举动可以是警告、驱散等,尽量避免使用强制措施。大多数的争执纠纷没有激化为犯罪,警察一般情况下可以顺利进入现场。警察要保持镇静,迅速判断现场形势,控制好局面。如有可能,要把争执者分开,避免互相攻击,保证警察可以进行现场询问,独立鉴别是非。现场气氛平静后,警察要理智地提出解决争执的方案。

## 第八节 夜间警情的处置

### 一、居民区夜间警情的处置

居民在夜里听到奇怪的声响,或者注意到有黑影,显示有人在居民区转悠就会向警察报警。这类嫌疑人可能是窥淫狂病人、强奸犯、盗窃犯和侵犯他人住宅者,也有原配偶或情人到住处附近观望,或出差的夫或妻雇侦探考察妻子或丈夫是否忠诚的,而最多的则是遛狗的、醉酒的、跑步的和修车的。在处置这类报警时，警察要予以注意，尽管大多数报警并无人身伤害案件实际发生，但要留意徘徊者也可能是藏有武器的逃犯。警察应静静地赶到报警现场，闪亮的警灯和鸣叫的警笛会过早地提醒可疑人警察已前来。警察应利用报警者的电话号码通知他警察已赶到，以往曾有过报警者自备武器将前来处警的警察误认为是可疑人予以杀害的不幸事件。在离现场尚有一段距离前，警察就要熄灭发动机和车灯，减低报话机音量，滑行停车或用手刹停车（因为刹车灯可能引起可疑人的注意），停车后轻开轻关车门。要从邻居的草坪上走到报警者的房子，在人行道上走的脚步声容易被听到。对各种意外因素的事先预防是极其重要的，对可疑人的搜索应至少有两名警察，搜索的区域应包括报警人和邻居的所处位置及其停放的车辆内。

警察处置嫌疑人徘徊报警失败的教训很多，问题都出现在将要接近嫌疑人出现的现场时，嫌疑人可能看见或听见警车来了。一般表现为：

（1）急刹车的尖叫声在夜晚传得很远；

（2）停车未熄火的发动机的引擎声；

（3）聚光灯灯光在居民区照来照去，让人觉得警察在找什么地方；

（4）警用报话机的声响大；

（5）"砰"地开关门，停车灯闪烁；

（6）挂在腰带扣环上的钥匙和对讲机叮当响；

（7）警察之间大声传递指令；

（8）警察跑步声重而响。

二、"无声报警"的处置策略

夜盗的报警是邻居或过路人注意到一些可疑情况，如夜晚关

## 第十一章
### 常见警情处置策略

闭的建筑物里有灯光闪,门窗上有撬痕,听到本应无人的房间或建筑物里有声音等,群众向警察报警盗窃正在进行。因为尚未惊动嫌疑人,一般称这种报警为"无声报警"。这类报警常常属于虚惊一场,由于雨、风或猫等动物造成不正常现象而报警的不在少数,但警察在确定警情性质前都应慎重对待。警察应在平时多进行夜间处警训练,养成良好习惯,避免在切实处置时惊慌失措。警察接警后,要检查警车安全带是否系好,如果不熟悉发案地,要查看地图确定确切位置,把地图放在自己身边容易拿到的地方,注意现场周围的死胡同和嫌疑人可能逃跑的街道。及时赶到现场是关键,驾驶速度很重要,在路上最好检查紧急设备,如闪光灯、霰弹枪等。如果你是处置自己巡逻区警情的警察,你很可能最先赶到现场,必须对工作谋略有所打算。你到达现场后做什么?如果你有同伴,你的同伴做什么?如果路上堵车怎么办?处警时的相互沟通有助于避免巡逻出现真空和重复劳动浪费警力,有一些被逮捕的嫌疑人交代,他们曾观察到许多警车停在现场,但却没有人检查他们所藏身的地方。如果警察是从其他警区赶来支援,应及时在交叉路口前与辖区警察联系,特别要知道发案位置在街道的哪一侧。处置夜盗报警的警车不要鸣警笛亮警灯,因为你是要抓到嫌疑人,而不是把他吓跑。

接近现场有两种方式。一种是"集团式接近",集结人批警车共同行动,尽快赶到现场,封锁所有出口,照亮现场,用扩音器与被包围的嫌疑人谈判,然后进入现场进行搜索。警犬在这种战略中起着非常重要的作用,要让警犬大声狂吠,命令嫌疑人出来,否则就放开警犬进去抓捕。另一种是"悄悄地接近",警察将车藏在建筑物旁,不让犯罪嫌疑人觉察到警察的到来,静等犯罪嫌疑人携带偷来的财物从建筑物里出来。这种接近方式更安全,警察不用进入可能很危险的建筑物。在这种接近中，要提防警车发动机声和停车声毁掉出其不意的战略。

除非遇到紧急情况，最先到达现场的警察不要把车停在路中央。如果在行驶过程中发现了可疑情况，要及时通知指挥中心或其他警察予以检查，该车不必停车耽误战机。警察的手边要备有笔和纸，以便随时记下重要的信息和线索，比如在处警路上观察到停着的车牌号码，车的状况和车里的人的特征。

要注意"放哨人"，警察在处理"无声报警"案件时应尽可能警惕现场附近负责观察动静的嫌疑人。现在无线电话非常普及而且价格便宜，放哨人使用很普遍。可以从以下线索注意放哨人：男女在车座前拥抱假装恋人；停着的车引擎盖打开，放哨人在盖下好像在检查机器有什么问题；一个人在遛狗；一个人在这个区域显然没有事情，却假装喝醉了不知道自己在什么地方，警察应检查他的脉搏，假装醉酒者的脉搏跳得很快，而真正醉酒者的脉搏跳得很慢。

处置夜盗现场时，每座建筑物都可以用两辆警车从外面进行封锁，一辆车停在一个楼角，另一辆车停在对面的对角处，用前车灯和聚光灯就可以分别照亮楼的两面，任何从楼里跑出的人都可被发现，后赶到的警车就可以围着建筑物转圈，用聚光灯检查门锁和窗户，这不如徒步检查效果好，但却是好的开端。警察在徒步检查经过窗户和玻璃门时，要避免被灯光留下侧面影像，同时要尽可能接近建筑物。每位徒步检查的警察都要在巡逻车内警察的视野中，一旦受到攻击，可以进行支援。一旦发现有违法进入的痕迹，警察或房主就要进去查看究竟。房主有钥匙方便进入，也清楚房间的灯在何处，以及哪里容易隐藏人。遇到已被查封的商店或仓库，要及时与法院或有关执法部门联系。如果是大型的商场，需要警犬配合搜查，鼓动警犬大声狂吠，警告嫌疑人如不投降就放开狗，这会促使嫌疑人停止抵抗。一定注意现场的嫌疑人很可能有多人，迫使被抓获的嫌疑人说出其他同伙的藏身之处以及名字，用扩音器点名命令其出来。

### 三、处置夜间警情的注意事项

（1）有计划进行。应由警长指挥搜索，每位警察应分配搜查一个特定的区域。

（2）进入房间。用强力撞开门时要提防站在门后的人，不要在过道停留时间太长，要低头飞快地跑到边上。如果有同伴，要每次进一人。

（3）交叉火力。时刻注意避免出现在犯罪嫌疑人的火力范围内，要与你的同伴在相互火力的掩护下。

（4）避免不必要的交谈。要用手势或耳语与你的同伴交流，不要离得太远。

（5）如果可能要先开灯。这会减少被枪击的危险和促使犯罪嫌疑人尽早投降，也会减少警察之间误射的发生。

（6）使用手电筒。尽量离开你的身体用无枪的手举着手电筒照向目标，不要总使用手电筒，要控制使用。一旦锁定目标，要立即改变位置提防嫌疑人向灯光处开枪，对方枪支发出的光可以成为你瞄准的目标。

（7）搜查身体。抓获犯罪嫌疑人后，不仅要鉴别出他的名字，还要知道他每个兜里装着什么，特别是要注意搜查武器。尽管抓获现场常常很乱，但警察必须冷静对待自己的职责，犯罪嫌疑人抓获后也要对现场所处位置进行全面了解和细致检查，这对日后的逮捕和起诉都是非常重要的。

（8）查找犯罪嫌疑人车辆。要知道嫌疑人是怎么到现场的，

查找他的交通工具是非常值得的。车里可能发现重要的证据，甚至包括犯其他罪的证据。除非嫌疑人是由其他人送来，嫌疑人的车都可能停在附近。车的引擎盖经常还热着，因为发动机还未冷却。如果他是被朋友送来，警察就要注意在这个区域转圈的所有汽车，特别是看见警车就跑的汽车。

（9）警察应注意在黑暗中抬起枪放在脸的前面，以防止面部受伤。因为在黑暗中很难看见细线，曾有警察在黑暗中奔跑撞上了细细的晾衣绳险些被割断了脖子，举起手可以进行自我防护。

（10）如果发现了足迹等证据却未见犯罪嫌疑人现身，可以采取监视手段诱使他出来。一种方法是警察大声宣布嫌疑人已跑了，一个警察故意有响动地开关车门并驾车走开，过几条街再停下，其他警察在警车驶离时原地藏起来，等犯罪嫌疑人相信警察已走后出来时将其抓获。另一种方法是所有警察确实离开现场，但其中一个警察步行绕墙角回来，找个隐秘的地方藏起来，警车与上种方法一样，过几条街停在树下和黑暗处，熄灭灯光，关掉音响。

# 主要参考书目

[1] 公安部政治部. 警务实战基础训练教程[M]. 北京：中国人民公安大学出版社，2006.

[2] 王振华. 徒手防卫与控制[M]. 北京：中国人民公安大学出版社，2010.

[3] 尹伟. 现代警察的防卫与控制[M]. 北京：中国人民公安大学出版社，2010.

[4] 美国陆军部. 徒手格斗大全[M]. 李旭大，译. 北京：北方文艺出版社，2009.

[5] 何贵初. 如何避免致命错误[M]. 北京：中国人民公安大学出版社，2007.

[6] 杨明. 警务技能及战术训练教程[M]. 北京：清华出版社，2010.

[7] 刘彦武. 刑警战术实用手册[M]. 北京：中国人民公安大学出版社，2006.

[8] 靳建辉. 警察战术心理战[M]. 北京：中国人民公安大学出版社，2004.

[9] 王勇. 警察战术学应用教程[M]. 北京：中国人民公安大学出版社，2002.

[10] 毛利达. 警察城区特种执法实战指南[M]. 北京：中国人

民公安大学出版社，2003.

［11］公安部政治部. 人质解救术［M］. 北京：警官教育出版社，1998.

［12］公安部政治部. 车辆查控术［M］. 北京：警官教育出版社，1998.

［13］公安部政治部. 缉捕术［M］. 北京：警官教育出版社，1998.

［14］公安部刑侦局. 刑警抓捕实用手册［M］. 北京：群众出版社，2004.

［15］公安部政治部. 警察查缉战术教程［M］. 北京：警官教育出版社，1996.

［16］北京市公安局巡警总队. 双刃剑［M］. 北京：中国人民公安大学出版社，2004.

［17］公安部政治部. 盘查术［M］. 北京：警官教育出版社，1998.